DISCLAIMER

The author and publisher are providing this book and its contents on an "as is" basis and make no representations or warranties of any kind with respect to this book or its contents. The author and publisher disclaim all such representations and warranties, including but not limited to warranties of merchantability. In addition, the author and publisher do not represent or warrant that the information accessible via this book is accurate, complete, or current.

Except as specifically stated in this book, neither the author nor publisher, nor any authors, contributors, or other representatives will be liable for damages arising out of or in connection with the use of this book. This is a comprehensive limitation of liability that applies to all damages of any kind, including (without limitation) compensatory; direct, indirect, or consequential damages; loss of data, income, or profit; loss of or damage to property; and claims of third parties.

FIRST EDITION - Published 2022

Extra Graphic Material From: www.freepik.com
Thanks to: Alekksall, Starline, Pch.vector, Rawpixel.com, Vectorpocket, Dgim-studio, Upklyak, Macrovector, Stockgiu, Pikisuperstar & Freepik.com Designers

This Book Comes With Free Bonus Puzzles
Available Here:

BestActivityBooks.com/WSBONUS20

5 TIPS TO START!

1) HOW TO SOLVE

The Puzzles are in a Classic Format:

- Words are hidden without breaks (no spaces, dashes, ...)
- Orientation: Forward & Backward, Up & Down or
  in Diagonal (can be in both directions)
- Words can overlap or cross each other

2) ACTIVE LEARNING

To encourage learning actively, a space is provided next to each word to write down the translation. The **DICTIONARY** allows you to verify and expand your knowledge. You can look up and write down each translation, find the words in the Puzzle then add them to your vocabulary!

3) TAG YOUR WORDS

Have you tried using a tag system? For example, you could mark the words which have been difficult to find with a cross, the ones you loved with a star, new words with a triangle, rare words with a diamond and so on...

4) ORGANIZE YOUR LEARNING

We also offer a convenient **NOTEBOOK** at the end of this edition. Whether on vacation, travelling or at home, you can easily organize your new knowledge without needing a second notebook!

5) FINISHED?

Go to the bonus section: **MONSTER CHALLENGE** to find a free game offered at the end of this edition!

Want more fun and learning activities? It's **Fast and Simple!**
An entire Game Book Collection just **one click away!**

Find your next challenge at:

BestActivityBooks.com/MyNextWordSearch

Ready, Set... Go!

Did you know there are around 7,000 different languages in the world? Words are precious.

We love languages and have been working hard to make the highest quality books for you. Our ingredients?

A selection of indispensable learning themes, three big slices of fun, then we add a spoonful of difficult words and a pinch of rare ones. We serve them up with care and a maximum of delight so you can solve the best word games and have fun learning!

Your feedback is essential. You can be an active participant in the success of this book by leaving us a review. Tell us what you liked most in this edition!

Here is a short link which will take you to your order page.

BestBooksActivity.com/Review50

Thanks for your help and enjoy the Game!

Linguas Classics Team

1 - Food #1

```
U  C  T  C  U  R  B  O  S  I  L  J  A  K
L  G  I  M  P  J  E  Č  A  M  S  O  L  N
J  I  W  M  M  A  R  E  L  I  C  A  K  H
D  K  M  Č  E  Š  N  J  A  K  R  E  P  A
T  S  A  U  W  T  M  V  T  J  H  I  D  I
U  H  F  Z  N  J  L  D  A  K  G  F  J  U
N  M  Y  Đ  H  A  I  U  Y  P  U  K  O  P
A  C  P  G  K  G  J  S  K  A  K  Đ  R  A
Š  E  Ć  E  R  O  E  F  Z  B  G  R  Z  Y
F  C  D  M  U  D  K  G  U  J  S  E  F  V
J  K  L  R  Š  A  O  P  B  U  J  U  H  A
H  U  S  O  K  M  R  K  V  A  V  R  F  L
Š  P  I  N  A  T  K  I  K  I  R  I  K  I
V  V  D  Z  A  U  M  J  T  A  D  Đ  R  W
```

MARELICA	KIKIRIKI
JEČAM	KRUŠKA
BOSILJAK	SALATA
MRKVA	SOL
CIMET	JUHA
ČEŠNJAK	ŠPINAT
SOK	JAGODA
LIMUN	ŠEĆER
MLIJEKO	TUNA
LUK	REPA

2 - Castles

```
C  T  U  Đ  C  I  R  G  K  P  R  P  M  G
P  V  Š  T  I  T  H  V  F  A  R  R  A  W
T  A  M  N  I  C  A  L  N  L  Z  I  Č  V
L  D  I  N  A  S  T  I  J  A  I  N  N  V
E  K  R  Đ  G  W  B  H  V  Č  D  C  K  C
P  L  E  M  E  N  I  T  I  A  S  E  A  A
K  R  A  L  J  E  V  S  T  V  O  Z  T  R
Y  K  K  T  T  Z  B  C  E  L  K  A  A  S
T  O  R  A  N  J  M  Z  Z  M  L  A  P  T
S  H  U  O  R  R  J  A  W  G  O  Z  U  V
A  E  N  O  Y  E  D  G  J  Z  P  E  L  O
Y  E  A  E  K  N  I  D  S  K  F  D  T  C
M  F  E  U  D  A  L  N  I  C  C  I  S  M
N  G  A  K  O  N  J  E  D  N  O  R  O  G
```

OKLOP	VITEZ
KATAPULT	PLEMENITI
KRUNA	PALAČA
ZMAJ	PRINC
TAMNICA	PRINCEZA
DINASTIJA	ŠTIT
CARSTVO	MAČ
FEUDALNI	TORANJ
KONJ	JEDNOROG
KRALJEVSTVO	ZID

3 - Exploration

```
P U T O V A T I U G I E H G
Ž Č D I V L J I Z Z S S R J
K I T L J O O P B N C A A R
O T V L O H P T U C R C B K
P I O O D Z A N Đ D P Z R U
A A T F T J S F E O L E O L
S K K Đ M I A R N D J L S T
N T R A K U N Đ J L E P T U
O I I B I F H J E U N R Y R
S V Ć T E R E N E Č O O Y E
T N E P O Z N A T N S S A Z
I O O N J E Z I K O T T S R
C S P V Y V Đ Z Y S Z O P K
B T Z G O R K L W T Y R G Y
```

AKTIVNOST	JEZIK
ŽIVOTINJE	NOVO
HRABROST	OPASAN
KULTURE	PROSTOR
ODLUČNOST	TEREN
OTKRIĆE	UČITI
UZBUĐENJE	PUTOVATI
ISCRPLJENOST	NEPOZNAT
OPASNOSTI	DIVLJI

4 - Measurements

```
V  R  C  K  Đ  K  M  E  T  A  R  G  T  S
V  D  E  C  I  M  A  L  A  O  A  L  E  T
V  E  N  P  Đ  W  S  W  J  M  N  M  Ž  U
I  L  T  B  A  J  T  K  N  Z  W  A  I  P
S  C  I  R  D  L  V  O  L  U  M  E  N  A
I  S  M  W  D  U  I  M  J  N  B  C  A  N
N  S  E  A  L  M  Ž  T  W  C  D  V  P  J
A  N  T  A  B  A  K  I  R  A  M  B  O  S
W  S  A  M  G  S  O  N  N  A  I  N  W  Š
L  G  R  A  M  A  W  Č  J  A  N  J  V  I
E  D  U  B  I  N  A  U  F  B  U  D  I  R
W  E  G  W  K  I  L  O  M  E  T  A  R  I
K  I  L  O  G  R  A  M  Z  Y  A  U  V  N
Y  P  A  F  D  R  G  T  M  G  S  Z  V  A
```

BAJT	DUŽINA
CENTIMETAR	LITRA
DECIMALA	MASA
STUPANJ	METAR
DUBINA	MINUTA
GRAM	UNCA
VISINA	TONA
INČ	VOLUMEN
KILOGRAM	TEŽINA
KILOMETAR	ŠIRINA

5 - Farm #2

```
R  K  K  O  Š  N  I  C  A  B  W  Ž  Đ  P
Y  P  U  T  R  A  K  T  O  R  W  I  E  A
N  A  L  K  P  O  V  R  Ć  E  D  V  D  S
P  T  J  E  U  O  W  F  V  O  T  O  I  T
T  K  H  F  L  R  A  B  D  T  K  T  O  I
L  A  L  A  M  E  U  V  P  C  P  I  H  R
S  O  I  V  O  Ć  E  Z  O  F  Š  N  R  Đ
Z  T  V  Z  D  Y  M  G  F  Ć  E  J  A  N
P  U  A  W  C  F  H  Z  F  K  N  E  N  G
S  F  D  J  N  M  W  R  H  T  I  J  A  B
P  T  A  Y  A  L  O  B  A  W  C  E  A  R
G  I  M  L  I  J  E  K  O  H  A  Č  E  K
J  A  N  J  E  T  I  N  A  I  E  A  N  O
L  U  R  N  O  V  C  E  B  C  M  M  O  W
```

ŽIVOTINJE
JEČAM
STAJA
KOŠNICA
KUKURUZ
PATKA
HRANA
VOĆE
JANJETINA

LAME
LIVADA
MLIJEKO
VOĆNJAK
OVCE
PASTIR
TRAKTOR
POVRĆE
PŠENICA

6 - Books

```
R O A I O W Č V A N A S W K
O E M N O P I I V V U T E O
M L L V P H T C A P T R P N
A I C E O T A C N O O A R T
N T Z N V R Č K T E R N I E
A E B T I A N Z U Z D I Č K
P R I I J G N U R I U C A S
I A R V E I B T A J A A F T
S R K N S Č U G A A L Đ P M
A N A I N N K L B N N L E P
N I D Đ I O W S B A O F O Đ
P J E S M A J A R R S V B H
D U H O V I T C E O T S W I
P R I P O V J E D A Č B O G
```

AVANTURA
AUTOR
ZBIRKA
KONTEKST
DUALNOST
EP
POVIJESNI
DUHOVIT
INVENTIVNI
LITERARNI

PRIPOVJEDAČ
ROMAN
STRANICA
PJESMA
POEZIJA
ČITAČ
RELEVANTAN
PRIČA
TRAGIČNO
NAPISAN

7 - Meditation

```
W  G  C  N  N  K  H  M  I  R  A  N  N  L
B  D  S  U  O  S  J  E  Ć  A  N  J  E  J
D  I  S  A  N  J  E  N  H  E  J  W  R  U
S  C  K  L  U  A  P  T  L  M  M  U  U  B
R  D  H  F  Č  S  R  A  L  Y  Z  R  N  A
K  B  R  P  I  N  I  L  B  U  D  A  N  Z
M  I  R  P  T  O  R  N  D  J  P  H  G  N
O  E  A  O  I  Ć  O  O  Y  P  B  W  L  O
U  M  A  K  R  A  D  M  I  S  L  I  A  S
P  O  K  R  Z  R  A  H  E  G  H  T  Z  T
U  C  B  E  N  A  V  I  K  E  O  T  B  G
B  I  W  T  I  Š  I  N  A  P  S  R  A  P
A  J  Đ  P  E  R  S  P  E  K  T  I  V  A
V  E  Z  A  H  V  A  L  N  O  S  T  G  N
```

BUDAN	UM
DISANJE	POKRET
MIRAN	GLAZBA
JASNOĆA	PRIRODA
SUOSJEĆANJE	MIR
EMOCIJE	PERSPEKTIVA
ZAHVALNOST	TIŠINA
NAVIKE	MISLI
LJUBAZNOST	UČITI
MENTALNO	

8 - Days and Months

```
L  P  Đ  P  U  O  L  G  D  Z  P  P  S  Y
Đ  Z  F  E  T  Ž  I  S  T  B  O  P  D  F
N  E  H  T  O  U  S  R  P  A  N  J  N  D
K  E  D  A  R  J  T  I  G  T  E  Y  Z  D
T  O  D  K  A  A  O  J  Y  K  D  Č  K  S
J  H  L  J  K  K  P  E  M  R  J  E  A  D
E  E  Y  O  E  K  A  D  V  U  E  T  L  S
D  V  O  J  V  L  D  A  E  J  L  V  E  T
A  R  C  R  L  O  J  M  L  A  J  R  N  U
N  I  Đ  N  S  M  Z  A  J  N  A  T  D  D
S  I  J  E  Č  A  N  J  A  E  K  A  A  E
T  R  A  V  A  N  J  P  Č  J  S  K  R  N
J  M  S  U  B  O  T  A  A  H  Z  E  C  I
G  O  D  I  N  A  Đ  U  H  D  W  T  C  R
```

TRAVANJ	STUDENI
KOLOVOZ	LISTOPAD
KALENDAR	SUBOTA
VELJAČA	RUJAN
PETAK	NEDJELJA
SIJEČANJ	ČETVRTAK
SRPANJ	UTORAK
OŽUJAK	SRIJEDA
PONEDJELJAK	TJEDAN
MJESEC	GODINA

9 - Chess

```
K  S  K  L  S  W  D  T  S  Đ  Y  I  N  C
V  P  R  A  V  I  L  A  O  Đ  P  G  A  R
P  R  A  B  I  J  E  L  I  Č  U  R  T  N
A  V  L  S  Đ  G  T  N  Đ  O  K  A  J  A
M  A  J  A  I  C  U  B  Đ  R  Z  E  E  M
E  K  B  R  Đ  V  R  I  J  E  M  E  C  R
T  I  E  C  B  D  N  P  Đ  F  R  P  A  K
A  G  B  V  I  W  I  O  D  T  J  T  N  R
N  R  E  T  S  T  R  A  T  E  G  I  J  A
U  A  Ž  R  T  V  O  V  A  T  I  V  E  L
I  Č  J  O  G  N  I  Z  A  Z  O  V  I  J
W  V  I  D  I  J  A  G  O  N  A  L  A  I
P  R  O  T  I  V  N  I  K  C  C  W  R  C
N  R  E  E  I  M  M  Z  R  Y  W  H  B  A
```

CRNA	IGRAČ
IZAZOVI	TOČKE
PRVAK	KRALJICA
PAMETAN	PRAVILA
NATJECANJE	ŽRTVOVATI
DIJAGONALA	STRATEGIJA
IGRA	VRIJEME
KRALJ	UČITI
PROTIVNIK	TURNIR
PASIVNO	BIJELI

10 - Food #2

```
P  G  H  B  A  N  A  N  A  N  V  Y  Č  P
I  P  R  R  Y  S  I  R  C  L  C  Y  O  A
L  E  L  O  J  A  J  E  H  T  C  I  K  T
E  E  A  K  Ž  A  P  Š  U  N  K  A  O  L
T  J  R  U  T  Đ  Š  A  C  R  O  N  L  I
I  A  T  L  R  C  E  L  E  R  I  B  A  D
N  B  I  A  E  J  N  R  K  A  T  C  D  Ž
A  U  Č  B  Š  O  I  E  G  J  W  S  A  A
D  K  O  I  N  G  C  P  F  Č  H  P  D  N
C  A  K  R  J  U  A  F  C  I  L  V  A  Z
A  R  A  I  A  R  I  U  G  C  M  Y  H  Z
L  Y  U  Ž  V  T  W  O  T  A  S  K  N  A
N  W  F  A  F  I  V  G  L  J  I  V  A  S
I  M  I  V  L  D  K  P  M  T  R  R  Z  Y
```

JABUKA	PATLIDŽAN
ARTIČOKA	RIBA
BANANA	GROŽĐE
BROKULA	ŠUNKA
CELER	KIVI
SIR	GLJIVA
TREŠNJA	RIŽA
PILETINA	RAJČICA
ČOKOLADA	PŠENICA
JAJE	JOGURT

11 - Family

```
N E Ć A K I N J A T D R P L
D J E T I N J S T V O O S W
O Č I N S K I E Y I E Đ U R
V Đ Z I B N Đ P H I O A P B
U D B M H T E T K A U K R L
U F L U A Đ O Ć A Z U N U K
I N D Ž D J E D A Đ J Z G A
L Đ U E U D Č I Z K A K A Đ
P O D Č S B Đ I E P K F Đ M
R Y C D E Z I Đ N M A J K A
E O L J S G V V V S K Ć I L
D I J E T E J G V P K O O Z
A U T C R B H U Đ M K I K A
K Z G A A B R A T K O M Đ Đ
```

PREDAK
TETKA
BRAT
DIJETE
DJETINJSTVO
DJECA
ROĐAK
KĆI
UNUČE
DJED

UNUK
MUŽ
MAJČINSKI
MAJKA
NEĆAK
NEĆAKINJA
OČINSKI
SESTRA
UJAK
SUPRUGA

12 - Farm #1

```
P  V  M  G  S  I  J  E  N  O  R  M  B  P
D  V  E  T  Y  J  O  O  B  H  B  A  P  O
J  U  D  P  I  L  E  T  I  N  A  G  L  L
S  B  R  Z  V  Z  R  M  A  Č  K  A  B  J
R  I  Ž  A  A  E  K  K  E  D  S  R  J  O
Y  Z  E  Y  Đ  E  T  D  O  N  I  A  Y  P
V  O  D  A  P  C  E  U  G  Z  K  C  Z  R
B  N  V  M  F  H  L  I  R  M  A  E  Z  I
P  Č  E  L  A  I  E  V  A  L  M  V  V  V
P  O  L  J  E  K  J  R  D  V  C  E  V  R
A  T  R  D  H  R  O  A  A  S  A  C  G  E
S  C  U  G  G  A  G  N  O  J  I  V  O  D
W  L  W  R  V  V  O  A  J  V  M  D  W  A
M  L  S  P  I  A  U  F  K  J  S  E  V  U
```

POLJOPRIVREDA	OGRADA
PČELA	GNOJIVO
BIZON	POLJE
TELE	KOZA
MAČKA	SIJENO
PILETINA	MED
KRAVA	KONJ
VRANA	RIŽA
PAS	SJEMENKE
MAGARAC	VODA

13 - Camping

```
Š  T  K  U  K  A  C  L  G  O  P  C  T  Đ
A  F  A  A  R  W  E  L  O  V  W  I  O  Y
T  V  B  Z  R  U  H  R  K  Đ  U  R  Z  B
O  I  I  R  Đ  T  G  J  K  O  M  P  A  S
R  S  N  U  Ž  E  A  R  B  D  J  R  B  G
Y  E  A  Š  E  Š  I  R  O  R  E  I  A  O
I  Ć  V  G  U  J  U  W  N  V  S  R  V  Y
Š  A  H  I  U  F  E  N  J  E  E  O  A  T
Đ  U  V  A  T  R  A  Z  I  Ć  C  D  V  Đ
N  V  M  H  N  Z  Y  Y  E  A  E  A  J  S
Đ  M  E  A  V  A  N  T  U  R  A  F  C  I
K  A  N  U  U  I  A  K  J  C  O  W  Y  S
U  P  L  A  N  I  N  A  Z  D  V  P  B  P
Ž  I  V  O  T  I  N  J  E  R  T  K  K  M
```

AVANTURA	LOV
ŽIVOTINJE	KUKAC
KABINA	JEZERO
KANU	KARTA
KOMPAS	MJESEC
VATRA	PLANINA
ŠUMA	PRIRODA
ZABAVA	UŽE
VISEĆA	ŠATOR
ŠEŠIR	DRVEĆA

14 - Conservation

```
G  P  R  I  R  O  D  N  O  Z  L  D  T  O
V  O  D  A  E  S  E  P  S  D  E  M  H  M
Y  R  L  E  C  M  K  E  E  R  O  L  K  L
Đ  G  Z  J  I  A  O  S  D  A  B  Z  E  V
W  A  R  K  K  N  S  T  J  V  R  A  M  N
Y  N  E  C  L  J  U  I  N  L  A  G  I  F
K  S  Y  T  I  I  S  C  E  J  Z  A  K  V
L  K  F  A  R  T  T  I  K  E  O  Đ  A  O
I  I  R  N  A  I  A  D  O  D  V  E  L  L
M  U  L  N  T  E  V  C  L  E  A  N  I  O
A  K  G  W  I  T  V  G  O  K  N  J  J  N
S  T  A  N  I  Š  T  E  Š  Đ  J  E  E  T
O  D  R  Ž  I  V  H  F  K  H  E  W  N  E
N  B  T  D  G  P  K  C  I  K  L  U  S  R
```

KEMIKALIJE
KLIMA
CIKLUS
EKOSUSTAV
OBRAZOVANJE
EKOLOŠKI
ZELEN
STANIŠTE
ZDRAVLJE

PRIRODNO
ORGANSKI
PESTICID
ZAGAĐENJE
RECIKLIRATI
SMANJITI
ODRŽIV
VOLONTER
VODA

15 - Cats

```
G M L B D K R Z N O S P K E
N I H U Đ F A E S S M S A Y
N Š R Z D B Z M P O I M N R
L E N V O Z I A A B J S D N
B R Z O P P G V V N E T Ž W
R A Y A U J R F A O Š I A I
D P M J V E A C T S N D O D
R K Đ V H I N A I T O L H B
D I V L J I S G R V K J C E
R Y T O K Đ E N F P S I N Y
A P F V Š A P A A R W V K T
Z M M A L E N Y T E G I E V
M Đ L C J M P S G Đ S I Y M
Z N A T I Ž E L J A N M R Y
```

KANDŽA
LUD
ZNATIŽELJAN
BRZO
SMIJEŠNO
KRZNO
LOVAC
NEZAVISNA
MALEN

MIŠ
ŠAPA
OSOBNOST
RAZIGRAN
STIDLJIV
SPAVATI
REP
DIVLJI
PREĐA

16 - Numbers

```
F  L  O  K  D  Č  H  D  E  P  N  P  W  K
S  M  S  R  E  D  E  C  I  M  A  L  A  T
E  N  A  H  V  E  J  T  Č  Š  E  S  T  O
D  K  M  S  E  S  T  E  R  E  P  D  A  S
A  Y  N  D  T  E  I  C  D  N  T  N  A  R
M  P  A  L  N  T  C  P  V  A  A  I  N  G
N  T  E  H  A  T  O  Y  A  S  N  E  R  U
A  R  S  P  E  T  N  A  E  S  T  N  S  I
E  I  T  P  S  D  V  A  D  E  S  E  T  T
S  E  E  E  T  E  V  O  L  D  C  E  R  J
T  O  M  T  A  V  L  U  H  A  A  P  B  Y
Š  E  S  N  A  E  S  T  M  M  E  F  Z  B
Z  Y  N  R  W  T  T  R  I  N  A  E  S  T
O  S  A  M  D  V  A  N  A  E  S  T  A  I
```

DECIMALA	SEDAM
OSAM	SEDAMNAEST
OSAMNAEST	ŠEST
PETNAEST	ŠESNAEST
PET	DESET
ČETIRI	TRINAEST
ČETRNAEST	TRI
DEVET	DVANAEST
DEVETNAEST	DVADESET
JEDAN	DVA

17 - Spices

```
P E J W C J Z K O M O R A Č
I S A V J Z S H B J M Y A E
S S O L U K L E F T O O N Š
K P T K K Š A F R A N K I N
A U P U O B T C P C K U S J
V R K M K R K F Y A O S J A
I B P I I C I M E T P N B K
C G K N E Đ C J O I Đ A K G
A M A I K A R D A M O M R O
Đ U M B I R P V P N R I E R
C U R R Y Đ Đ J W U D P F A
P A P R I K A T L V Đ E R K
S L A T K O T L C Z U A R B
C E S V A N I L I J A F W A
```

ANIS	ČEŠNJAK
GORAK	ĐUMBIR
KARDAMOM	SLATKI
CIMET	LUK
KORIJANDER	PAPRIKA
KUMIN	PAPAR
CURRY	ŠAFRAN
KOMORAČ	SOL
PISKAVICA	SLATKO
OKUS	VANILIJA

18 - Mammals

```
N D P R K L E L T I U K D J
V V G O C I J M Đ I Z O A Z
N S O V C E O S Y D M Z B V
M N R D S N O S I T I R A V
W P I C U I V E R Z E B R A
H N L Đ N P K L O K A N I L
O W A V S T I Đ I F C O O Z
S I M J J S S N C Y C D N E
Ž I R A F A T J Z S L O N C
Y O C Đ J Y P A I P P P V B
C B I K O M A Č K A S S U E
T I L C K P U A I O Y E K W
K O J O T A K N T N N L A V
S W K L I S I C A C F J L T
```

SNOSITI	GORILA
DABAR	KONJ
BIK	KLOKAN
MAČKA	LAV
KOJOT	MAJMUN
PAS	ZEC
DUPIN	OVCE
SLON	KIT
LISICA	VUK
ŽIRAFA	ZEBRA

19 - Fishing

```
H  O  M  W  H  W  W  J  P  C  B  Č  S  S
T  P  C  J  O  J  E  Z  E  R  O  E  T  E
A  R  R  E  K  O  Š  A  R  A  P  L  R  Z
I  E  G  I  A  V  A  G  A  Y  L  J  P  O
D  M  W  T  J  N  S  O  J  O  A  U  L  N
M  A  M  A  C  E  W  H  E  Č  Ž  S  J  A
K  U  H  A  T  I  K  U  K  A  A  T  E  V
T  E  Ž  I  N  A  D  A  I  M  Z  N  N  S
V  P  I  Z  Y  P  C  J  F  A  Š  L  J  O
V  Z  C  I  L  C  U  S  D  C  K  O  E  B
A  O  A  N  H  P  G  S  B  P  R  I  D  S
U  F  D  G  O  Đ  K  B  A  Z  G  Z  E  W
P  H  B  A  I  D  T  A  C  A  E  Đ  N  V
P  R  E  T  J  E  R  I  V  A  N  J  E  K
```

MAMAC	ČELJUST
KOŠARA	JEZERO
PLAŽA	OCEAN
ČAMAC	STRPLJENJE
KUHATI	RIJEKA
OPREMA	VAGA
PRETJERIVANJE	SEZONA
PERAJE	VODA
ŠKRGE	TEŽINA
KUKA	ŽICA

20 - Restaurant #1

```
U U B M R P T Đ M C E Đ U H
B M L M E S O Đ A V B H M G
R P A N Z V R Y O Đ Y U A E
U I G K E C J E L O V N I K
S L A U R I B J N V Y F T A
L E J H V T E Y D O O M F L
G T N I A D E S E R T A H E
V I I N C P J T A N J U R R
I N K J I M I J U K T J A G
T A T A J S K P G U U O N I
N O Ž P A D H A N C F T A J
S A S T O J C I V U E F N A
Z D J E L A V Z Z A Y B O I
J E S T I V A M K R U H J D
```

ALERGIJA   NOŽ
ZDJELA   MESO
KRUH   JELOVNIK
BLAGAJNIK   UBRUS
PILETINA   TANJUR
KAVA   REZERVACIJA
DESERT   UMAK
HRANA   AKUTNI
SASTOJCI   JESTI
KUHINJA

21 - Bees

```
V R C N A Đ P C K N C T P C
H O S I T Y E V U Z V T S E
H U S L S Y L I K R I U Đ F
T L J A E L U J A M J R K K
G A Y D K I D E C N E S O O
K H C S H W J T N A Ć P Š J
O R K R A L J I C A E D N S
R A Z N O L I K O S T I I T
I N V B S V R T K T H M C A
S A O P U I C H N A E E A N
N Y Ć U N R S F U K P D Z I
O T E D C P L B I L J E E Š
M R D G E C J E T V W J E T
E K O S U S T A V B D J I E
```

KORISNO
CVIJET
RAZNOLIKOST
EKOSUSTAV
CVIJEĆE
HRANA
VOĆE
VRT
STANIŠTE
KOŠNICA

MED
KUKAC
BILJE
PELUD
KRALJICA
DIM
SUNCE
ROJ
VOSAK

22 - Sports

```
Đ S H U Z Z N W M D R Y S W
P P U P N H F P K W N D T J
R O G I M N A Z I J A G A Z
V R K B O O J T T R C I D D
E T G R W Z O Z P A Y M I N
N A L B E J Z B O L R N O E
S Š Y I L T I M L W W A N P
T G K C Z E R C G R E S S L
V O O I N N I E P A N T U I
O L Š K J I W G N E O I D V
L F A L Y S T O R E V K A A
J E R I G R A B W A R A C T
A A K H O K E J W A Č T A I
O L A P O B J E D N I K F F
```

SPORTAŠ
BEJZBOL
KOŠARKA
BICIKL
PRVENSTVO
TRENER
IGRA
GOLF
GIMNAZIJA
GIMNASTIKA

HOKEJ
POKRET
IGRAČ
SUDAC
STADION
TIM
TENIS
PLIVATI
POBJEDNIK

23 - Weather

```
P  L  M  I  W  J  E  P  S  O  S  J  H  U
A  T  M  O  S  F  E  R  A  L  G  U  P  H
K  R  F  A  I  C  L  P  U  U  R  R  H  P
L  O  B  Z  G  G  K  C  J  J  M  A  Y  O
I  P  U  S  L  L  E  D  B  A  L  G  P  L
M  S  C  D  Đ  E  A  M  U  N  J  A  O  A
A  K  M  O  N  S  U  N  S  V  A  N  V  R
Z  I  W  T  U  B  P  N  Y  J  V  F  J  N
F  K  R  H  O  B  L  A  K  E  I  N  E  I
R  Đ  V  K  V  R  K  G  W  T  N  O  T  S
N  E  B  O  J  S  N  E  Z  A  A  T  A  Z
W  Y  I  J  D  U  G  A  M  R  P  P  R  Đ
H  H  R  S  U  Š  Đ  P  D  U  K  V  A  B
C  D  P  U  J  A  H  C  P  O  E  D  C  S
```

ATMOSFERA	MONSUN
POVJETARAC	POLARNI
KLIMA	DUGA
OBLAK	NEBO
SUŠA	OLUJA
SUHO	GRMLJAVINA
MAGLA	TORNADO
URAGAN	TROPSKI
LED	VJETAR
MUNJA	

24 - Adventure

```
I  Đ  R  A  K  T  I  V  N  O  S  T  R  S
Z  Z  A  J  D  B  Z  W  J  W  H  L  A  I
A  Z  L  Y  R  T  N  F  M  I  P  J  D  G
Z  G  H  E  I  M  E  Y  C  Đ  H  E  O  U
O  Y  R  M  T  K  N  A  B  U  T  P  S  R
V  N  A  V  I  G  A  C  I  J  A  O  T  N
I  Đ  B  W  N  T  Đ  B  B  E  R  T  H  O
E  O  R  I  E  N  U  S  W  D  P  A  Z  S
N  A  O  I  R  Đ  J  P  M  N  C  A  B  T
O  V  S  J  A  M  U  P  R  I  L  I  K  A
V  E  Đ  R  Đ  Ć  O  P  A  S  N  O  I
O  F  H  K  P  R  I  J  A  T  E  L  J  I
P  R  I  P  R  E  M  A  S  B  V  C  F  B
E  N  T  U  Z  I  J  A  Z  A  M  I  K  C
```

AKTIVNOST   PRIJATELJI
LJEPOTA   ITINERAR
HRABROST   RADOST
IZAZOVI   NAVIGACIJA
PRILIKA   NOVO
OPASNO   PRIPREMA
ENTUZIJAZAM   SIGURNOST
IZLET   IZNENAĐUJUĆI

25 - Circus

```
G I K Ž S R N H F B A P T M
H L M L I B S A S O K O R R
Y R A C A V L F U M R K I T
H I J Z O U O O B O A K Č
U H M P B C N T F O B Z B A
L Đ U A G A S N I N A A A R
U J N Đ A I B E Đ N T T L O
Ž O N G L E R G T V J I O B
O Đ S N A P A R A D A E N N
Z A B A V L J A T I E Đ I J
K O S T I M G R S Y A V W A
K G L E D A T E L J Đ Y Y K
C Z I T I G A R O Š A T O R
M A G I J A O H N D N T I U
```

AKROBAT
ŽIVOTINJE
BALONI
BOMBON
KLAUN
KOSTIM
SLON
ZABAVLJATI
ŽONGLER
LAV

MAGIJA
ČAROBNJAK
MAJMUN
GLAZBA
PARADA
POKAZATI
GLEDATELJ
ŠATOR
TIGAR
TRIK

26 - Tools

```
A  O  T  Đ  T  V  U  N  L  O  V  C  E  M
U  B  R  U  S  S  L  N  L  E  I  K  M  A
A  B  A  K  L  J  A  A  O  S  J  L  K  L
C  Đ  D  U  Ž  E  H  Z  D  Ž  A  A  L  J
R  G  L  O  A  K  P  B  J  A  K  M  I  C
K  Č  J  P  L  I  K  M  O  Y  R  E  J  L
H  P  E  G  L  R  P  M  E  U  K  R  E  E
L  L  S  K  Y  A  V  P  R  T  P  I  Š  M
G  M  T  A  I  O  J  W  M  D  M  C  T  K
R  Z  V  B  B  Ć  V  T  K  F  A  A  A  O
E  K  E  E  O  P  Š  K  A  R  E  T  T  T
J  Y  Đ  L  O  P  A  T  A  W  Đ  C  Đ  A
L  J  E  P  I  L  O  B  R  I  T  V  A  Č
S  P  A  J  A  L  I  C  A  A  I  Y  Y  W
```

SJEKIRA	UŽE
KABEL	VLADAR
LJEPILO	ŠKARE
ČEKIĆ	VIJAK
NOŽ	LOPATA
LJESTVE	SPAJALICA
MALJ	KLAMERICA
KLIJEŠTA	BAKLJA
BRITVA	KOTAČ

27 - Restaurant #2

```
S  U  S  B  Z  S  W  H  J  P  V  P  P  U
E  D  S  J  S  A  S  S  A  I  I  T  E  J
R  V  O  D  A  L  Č  R  J  T  L  Ć  V  Y
E  W  R  W  Z  A  M  I  A  K  I  R  E  R
Z  N  Y  L  I  T  A  V  N  T  C  I  Č  S
A  C  A  E  O  A  B  Z  N  I  A  H  E  S
N  P  O  V  R  Ć  E  E  S  U  I  F  R  A
C  V  H  J  U  H  A  P  T  Y  T  K  A  S
I  M  K  J  S  K  C  V  S  T  K  Y  V  L
P  S  R  I  B  A  U  L  F  P  F  F  Đ  A
V  O  Ć  E  L  I  D  S  T  O  L  I  C  A
Ž  L  I  C  A  K  S  L  N  L  E  D  W  N
T  O  R  T  A  H  Y  I  N  O  H  F  V  N
R  U  Č  A  K  K  O  N  O  B  A  R  T  R
```

PIĆE   RUČAK
TORTA   REZANCI
STOLICA   SALATA
UKUSNO   SOL
VEČERA   JUHA
JAJA   ZAČINI
RIBA   ŽLICA
VILICA   POVRĆE
VOĆE   KONOBAR
LED   VODA

28 - Geology

```
F O S I L K K A V E R N A K
W V O N K O R A L J A N L I
V U L K A N J K L A V A Đ S
C A T H W T T A A C U Đ Y E
S L O J P I H M K K I M D L
J T E I Z N U E Y V L J H I
E E A O G E M N W C A Y B N
W R C L M N P L A T O R C A
G O I G A T L P G J H P C K
E Z K R J K M I N E R A L I
J I L G O G T N S F Z T C D
Z J U W O K R I S T A L I V
I A S G B S U T T W Đ R R J
R V I F T T C P O T R E S D
```

KISELINA
KALCIJ
KAVERNA
KONTINENT
KORALJA
KRISTALI
CIKLUSI
POTRES
EROZIJA
FOSIL

GEJZIR
LAVA
SLOJ
MINERALI
PLATO
KVARC
SOL
STALAKTIT
KAMEN
VULKAN

29 - House

```
Z Y U Đ A G V V W H R D J K
D T J P S J P R F K E T U N
D C S O V Đ O A T U D N D J
F G E G J A T T J H W H V I
T Z E L E C K A M I N T D Ž
N A I E T C R C V N C U Đ N
A V P D I S O B A J I Š O I
M J F A L P V Z C A K C G C
J E J L J R L T I P K E R A
E S T O K O J G A R A Ž A Đ
Š E P L A Z E K A T R C D K
T F Đ N A O H Y O V Đ D A R
A Y F O O R O W H C N Đ E O
J Y R E B E Đ H B D L L B V
```

POTKROVLJE	TIPKE
METLA	KUHINJA
ZAVJESE	SVJETILJKA
VRATA	KNJIŽNICA
OGRADA	OGLEDALO
KAMIN	KROV
KAT	SOBA
NAMJEŠTAJ	TUŠ
GARAŽA	ZID
VRT	PROZOR

30 - School #1

```
K  V  I  Z  U  P  V  K  T  L  O  Y  M  U
N  E  J  B  Č  J  Z  G  J  Đ  C  N  A  Č
J  Đ  P  R  I  J  A  T  E  L  J  I  T  I
I  H  O  O  T  S  C  Y  J  K  A  O  E  O
Ž  M  L  J  E  T  P  S  Y  P  B  D  M  N
N  A  O  E  L  O  M  I  J  A  E  G  A  I
I  P  V  V  J  L  C  N  T  P  C  O  T  C
C  E  K  I  R  U  Č  A  K  I  E  V  I  A
A  K  A  J  W  I  W  S  E  R  D  O  K  U
M  V  N  W  Đ  G  G  I  O  F  A  R  A  Č
B  B  U  J  T  Z  A  B  A  V  A  I  L  I
Y  O  W  Y  I  O  L  O  V  K  E  N  M  T
Z  S  C  K  U  G  S  T  O  L  I  C  A  I
I  R  U  A  E  M  E  H  S  Y  B  D  S  Y
```

ABECEDA	KNJIŽNICA
ODGOVORI	RUČAK
KNJIGE	MATEMATIKA
STOLICA	BROJEVI
UČIONICA	PAPIR
STOL	OLOVKA
ISPITI	OLOVKE
MAPE	KVIZ
PRIJATELJI	UČITELJ
ZABAVA	UČITI

31 - Dance

```
T  I  J  E  L  O  M  I  L  O  S  T  S  U
R  A  H  I  K  U  L  T  U  R  N  I  Đ  M
A  K  U  A  K  R  A  D  O  S  T  A  N  J
D  A  E  J  Y  K  Z  B  N  K  G  E  F  E
I  D  P  M  K  U  J  V  P  O  K  R  E  T
C  E  A  I  O  V  D  C  W  K  L  J  K  N
I  M  R  R  Z  C  P  R  O  B  A  H  L  O
O  I  T  T  U  R  I  G  L  A  Z  B  A  S
N  J  N  F  R  U  A  J  D  U  O  K  S  T
A  A  E  R  W  D  R  Ž  A  N  J  E  I  I
L  Z  R  M  I  N  E  U  A  F  A  T  Č  C
A  T  J  H  R  T  W  N  F  J  D  W  N  V
N  V  I  D  N  I  A  M  M  G  A  N  I  M
K  U  L  T  U  R  A  M  V  P  M  N  Z  B
```

AKADEMIJA	SKOK
UMJETNOST	POKRET
TIJELO	GLAZBA
KLASIČNI	PARTNER
KULTURNI	DRŽANJE
KULTURA	PROBA
EMOCIJA	RITAM
IZRAŽAJAN	TRADICIONALAN
MILOST	VIDNI
RADOSTAN	

32 - Colors

```
B  I  J  E  C  V  M  I  G  Z  H  D  A  Ž
F  E  L  P  R  I  A  I  P  S  I  V  A  U
J  V  Ž  L  N  Đ  G  N  I  M  T  W  V  T
B  O  T  A  A  C  E  D  M  E  Z  O  D  A
S  I  E  V  I  I  N  I  J  Đ  W  R  M  B
F  Z  J  A  N  J  T  G  L  C  L  Đ  R  O
M  N  C  E  Y  A  A  O  J  Đ  F  M  U  J
N  L  J  B  L  N  W  Đ  Y  U  U  C  Ž  A
M  A  I  J  C  I  W  R  S  B  K  L  I  Z
V  U  R  C  R  V  E  N  A  F  S  Z  Č  W
S  O  E  A  A  H  K  S  E  P  I  J  A  N
P  S  M  M  N  Z  K  G  E  K  J  J  S  L
L  J  U  B  I  Č  A  S  T  A  A  H  T  P
K  I  Y  D  J  K  A  Z  E  L  E  N  A  D
```

BEŽ
CRNA
PLAVA
SMEĐ
CIJAN
FUKSIJA
ZELEN
SIVA
INDIGO

MAGENTA
NARANČA
RUŽIČASTA
LJUBIČASTA
CRVENA
SEPIJA
BIJELI
ŽUTA BOJA

33 - Climbing

```
P  V  Č  V  K  U  A  F  Y  S  F  J  J  S
J  S  O  I  B  J  C  K  I  P  Š  T  M  N
E  T  W  D  Z  S  Y  A  N  Z  P  B  D  A
Š  R  T  Y  I  M  O  R  F  F  I  N  R  G
A  U  V  U  Z  Č  E  T  H  W  L  Č  Đ  A
Č  Č  E  A  A  Đ  I  A  R  S  J  N  K  V
E  N  S  U  Z  I  T  I  O  L  A  S  A  I
N  J  R  F  O  O  Z  L  J  E  D  A  C  T
J  A  N  U  V  K  O  B  U  K  A  H  I  E
E  K  Z  A  I  C  N  H  F  T  K  B  G  R
A  T  M  O  S  F  E  R  A  M  O  T  A  E
S  O  F  S  T  A  B  I  L  N  O  S  T  N
V  I  S  I  N  A  R  U  K  A  V  I  C  E
Z  B  Z  N  A  T  I  Ž  E  L  J  A  Y  C
```

VISINA	PJEŠAČENJE
ATMOSFERA	OZLJEDA
ČIZME	KARTA
ŠPILJA	SUZITI
IZAZOVI	FIZIČKI
ZNATIŽELJA	STABILNOST
STRUČNJAK	SNAGA
RUKAVICE	TEREN
VODIČI	OBUKA
KACIGA	

34 - Shapes

```
S  J  W  Đ  H  P  K  V  A  D  R  A  T  H
W  F  S  T  K  R  I  V  U  L  J  A  T  I
Z  R  E  N  U  A  M  R  U  O  P  C  R  P
B  U  I  R  O  V  A  L  A  N  Đ  I  O  E
U  B  G  U  A  O  C  M  S  M  D  N  K  R
K  O  C  K  A  K  I  S  J  H  I  S  U  B
A  V  S  I  C  U  L  O  C  L  E  D  T  O
P  I  G  H  A  T  I  D  S  L  A  A  A  L
S  R  H  H  D  N  N  F  K  B  K  J  F  A
K  L  I  G  G  I  D  P  O  L  I  G  O  N
O  U  V  Z  Z  K  A  A  D  Đ  K  R  U  G
N  K  Đ  U  M  A  R  C  R  T  A  D  R  T
U  U  A  Y  D  A  S  S  Z  W  E  Z  O  G
S  T  R  A  N  A  Đ  J  E  L  I  P  S  A
```

LUK	CRTA
KRUG	OVALAN
KONUS	POLIGON
KUT	PRIZMA
KOCKA	PIRAMIDA
KRIVULJA	PRAVOKUTNIK
CILINDAR	STRANA
RUBOVI	SFERA
ELIPSA	KVADRAT
HIPERBOLA	TROKUT

35 - Scientific Disciplines

```
I  P  B  M  B  A  I  A  C  Z  B  M  E  K
M  S  O  E  I  K  F  N  P  L  A  I  K  I
U  I  T  H  O  P  V  A  S  I  I  N  O  N
N  H  A  A  L  J  K  T  O  V  B  E  L  E
O  O  N  N  O  M  S  O  C  P  A  R  O  Z
L  L  I  I  G  K  E  M  I  J  A  A  G  I
O  O  K  K  I  G  C  I  O  P  I  L  I  O
G  G  A  A  J  E  K  J  L  F  A  O  J  L
I  I  R  Y  A  O  N  A  O  U  E  G  A  O
J  J  S  N  C  H  Y  K  G  L  Đ  I  O  G
A  A  G  E  O  L  O  G  I  J  A  J  R  I
G  W  W  V  K  A  Z  O  J  W  A  A  E  J
T  E  R  M  O  D  I  N  A  M  I  K  A  A
F  I  Z  I  O  L  O  G  I  J  A  A  M  P
```

ANATOMIJA	KINEZIOLOGIJA
BIOLOGIJA	MEHANIKA
BOTANIKA	MINERALOGIJA
KEMIJA	FIZIOLOGIJA
EKOLOGIJA	PSIHOLOGIJA
GEOLOGIJA	SOCIOLOGIJA
IMUNOLOGIJA	TERMODINAMIKA

36 - School #2

```
K  P  A  P  I  R  A  L  C  J  Z  N  K  R
R  N  B  K  P  R  I  B  O  R  N  R  N  A
U  Z  J  G  T  J  G  S  B  B  A  J  J  Č
K  Č  Đ  I  R  I  T  U  R  M  N  E  I  U
S  H  I  S  Ž  Y  V  C  A  B  O  Č  Ž  N
A  R  J  T  S  N  H  N  Z  R  S  N  E  A
K  N  L  E  E  F  I  E  O  I  T  I  V  L
A  G  I  Z  T  L  H  C  V  S  B  K  N  O
L  Š  K  A  R  E  J  D  A  A  T  E  O  P
E  A  H  K  W  J  U  K  N  Č  M  I  S  J
N  B  B  S  B  R  K  N  J  I  G  E  T  F
D  D  G  I  A  K  A  D  E  M  S  K  I  L
A  G  G  R  A  M  A  T  I  K  A  A  W  N
R  W  O  L  O  V  K  A  U  T  O  B  U  S
```

AKADEMSKI
AKTIVNOSTI
RUKSAK
KNJIGE
AUTOBUS
KALENDAR
RAČUNALO
RJEČNIK
OBRAZOVANJE
BRISAČ

GRAMATIKA
KNJIŽNICA
KNJIŽEVNOST
PAPIR
OLOVKA
ZNANOST
ŠKARE
PRIBOR
UČITELJ

37 - Science

```
N M O L E K U L E E Č O K O
P R I R O D A F I Z I K A R
W Z A I C C R N F H N E M G
L A B O R A T O R I J M E A
A S E M L R P J N P E I T N
K T V B I L J E N O N J O I
R J O Y P N Z N S T I S D Z
R D L M V K E L P E K A A
K K U F G E B R D Z A I U M
W L C I L G F H A A W E J M
Đ Đ I F O S I L F L B H K S
F V J M P O D A C I I B F F
V D A M A Č E S T I C E G S
E K S P E R I M E N T O Đ H
```

ATOM	LABORATORIJ
KEMIJSKI	METODA
KLIMA	MINERALI
PODACI	MOLEKULE
EVOLUCIJA	PRIRODA
EKSPERIMENT	ORGANIZAM
ČINJENICA	ČESTICE
FOSIL	FIZIKA
HIPOTEZA	BILJE

38 - To Fill

```
C K F H D C Đ B F O O J H B
L N U L B K P D Ž E P V C N
Đ A P T O Y W A C Y D B E A
B L A D I C A U N F C G U V
A D K M F J K J G V M A P A
Č A E B Đ H A O M S K S I D
V U T U P C R Y B A O B H S
A G Đ O S E T K U N F R Y Đ
F K R L R A O O C D E O N C
N V A Z A B N Š I U R D L D
U Đ J D W I A A J K A N T A
P N N C A I R R E Đ B O C A
J Z U D H K K A V B S D N B
O M O T N I C A A I H Z S Đ
```

TORBA
BAČVA
KOŠARA
BOCA
KUTIJA
KANTA
KARTON
SANDUK
LADICA

OMOTNICA
MAPA
PAKET
DŽEP
KOFER
KADA
CIJEV
VAZA
BROD

39 - Summer

```
O  Z  T  V  B  W  P  S  S  J  P  P  R  W
O  B  V  R  T  M  L  D  A  O  L  S  O  J
D  P  I  I  R  O  A  I  N  J  I  Đ  N  H
M  R  U  T  J  R  Ž  C  D  M  V  Y  J  Z
O  I  E  Š  E  E  A  A  A  I  A  E  E  L
R  J  N  W  T  L  Z  H  L  G  T  P  N  L
N  A  H  G  K  A  J  D  E  R  I  U  J  Y
H  T  F  H  R  A  N  A  E  E  W  T  E  V
P  E  T  R  J  P  D  J  D  O  M  O  G  J
G  L  A  Z  B  A  D  S  E  V  V  V  M  B
S  J  E  Ć  A  N  J  A  U  H  N  A  G  I
A  I  P  T  B  K  N  J  I  G  E  T  B  M
K  A  M  P  I  R  A  N  J  E  R  I  R  D
R  A  D  O  S  T  R  R  M  Z  Y  G  J  N
```

PLAŽA	RADOST
KNJIGE	SJEĆANJA
KAMPIRANJE	GLAZBA
RONJENJE	OPUŠTANJE
OBITELJ	SANDALE
HRANA	MORE
PRIJATELJI	ZVIJEZDE
IGRE	PLIVATI
VRT	PUTOVATI
DOM	ODMOR

40 - Clothes

```
P  T  K  N  P  J  I  U  S  O  Š  P  N  V
D  R  B  W  I  V  P  B  L  U  Z  A  V  M
L  S  E  N  D  H  K  P  K  Y  K  K  L  F
V  C  R  G  Ž  D  A  Y  P  U  S  N  Đ  F
T  M  U  N  A  R  U  K  V  I  C  A  J  H
R  O  K  J  M  Č  E  I  B  O  I  E  M  A
A  D  A  A  A  K  A  P  U  T  P  A  E  L
P  A  V  K  C  T  H  L  A  Č  E  S  G  J
E  N  I  N  C  S  A  N  D  A  L  E  N  I
R  H  C  A  K  O  Š  U  L  J  A  S  A  N
I  D  E  C  A  F  Š  E  Š  I  R  V  K  A
C  E  K  K  K  E  B  P  O  J  A  S  I  V
E  Ž  E  M  P  E  R  D  V  V  Đ  T  E
J  H  J  U  Y  M  Z  M  B  T  Y  R  L  D
```

PREGAČA	TRAPERICE
POJAS	NAKIT
BLUZA	PIDŽAMA
NARUKVICA	HLAČE
KAPUT	SANDALE
HALJINA	ŠAL
MODA	KOŠULJA
RUKAVICE	CIPELA
ŠEŠIR	SUKNJA
JAKNA	DŽEMPER

41 - Insects

```
G T O C M V T B L M Đ B F S
K O M A R A C U I O B U Z K
P L A R V A V B S L S B Ž A
U Č C Z A M R A N J T A O K
J I E P M J Č M E A R M H A
Z Z R L R M A A U C Š O A V
D T Y E A C K R Š V L D R A
U A L P V B S A I I J C O C
C R B T B U H A L G E R R R
S J B I T F I R A C N V Đ M
H B T R E A Đ C M K Y C V J
B O G O M O L J K A A M C E
T E R M I T A U I I A Đ W N
V I L I N K O N J I C B C V
```

MRAV	STRŠLJEN
LISNE UŠI	BUBAMARA
PČELA	LARVA
BUBA	BOGOMOLJKA
LEPTIR	KOMARAC
CVRČAK	MOLJAC
ŽOHAR	TERMIT
VILIN KONJIC	OSA
BUHA	CRV
SKAKAVAC	

42 - Astronomy

```
G A L A K S I J A E Z P R O
P O M R Č I N A M Z E L L G
S E V E A W Đ U J V M A Z K
U K A O S P E H E J L N Z U
P V A I T U U A S E J E O F
E I E D R L A S E Z A T D D
R N E B O Y S T C D T A I M
N O K O N S T E L A C I J A
O C K M A A R R Đ R B R A G
V I O E U T O O V N R N K L
A J Z T T E N I Đ I K J B I
O A M E Z L O D R C J U P C
J Y O O K I M T R A K E T A
V T S R U T Z R A Č E N J E
```

ASTEROID
ASTRONAUT
ASTRONOM
KONSTELACIJA
KOZMOS
ZEMLJA
POMRČINA
EKVINOCIJA
GALAKSIJA
METEOR

MJESEC
MAGLICA
ZVJEZDARNICA
PLANETA
ZRAČENJE
RAKETA
SATELIT
NEBO
SUPERNOVA
ZODIJAK

43 - Pirates

```
Y H P I O N S R E J O T O K
U I E Š M R G Y C K Z I B W
K O M P A S K O V A N I C E
K O Ž I L J A K A P E T A N
K A K L O A A V A N T U R A
P A C J Š D Ž U E E K B D O
O Đ R A E W U A H G O R I P
S Z U T G A M L E G E N D A
A A D Z A T U P Z V H Y H S
D S I D R O Y A B L A G O N
A T J C U M I P V P A D D O
Y A Y F M A Č I G H R T E S
C V V O U M A G U M K F O T
R A I B Y S D A T F F J K R
```

AVANTURA	ZASTAVA
SIDRO	ZLATO
LOŠE	OTOK
PLAŽA	LEGENDA
KAPETAN	KARTA
ŠPILJA	PAPIGA
KOVANICE	RUM
KOMPAS	OŽILJAK
POSADA	MAČ
OPASNOST	BLAGO

44 - Time

```
D E S E T L J E Ć E J H H Z
W J T H S A D A L A T U C F
M O J U T R O J O S J G G Y
P U E S O A Y O G G E F M R
E W S K L N Z O G O D I N A
V W A O J O S Z J D A N A S
L A T R E H C L U I N D D P
P B B O Ć Đ Đ Z Č Š J Y Y O
P R U T E K A L E N D A R D
A M I Z D H P J R J O I E N
H I R J V S I D B I Z Ć G E
U I M J E S E C A H I H R F
M I N U T A Z H G N W B Y P
B U D U Ć N O S T E K Đ Y Y
```

GODIŠNJI	MJESEC
PRIJE	JUTRO
KALENDAR	NOĆ
STOLJEĆE	PODNE
SAT	SADA
DAN	USKORO
DESETLJEĆE	DANAS
RANO	TJEDAN
BUDUĆNOST	GODINA
MINUTA	JUČER

45 - Buildings

```
W  K  Š  S  T  A  J  A  Đ  K  A  Đ  B  K
S  A  K  T  J  S  F  K  Z  F  J  P  O  A
U  Z  O  A  N  P  V  I  O  E  M  Đ  L  B
P  A  L  N  F  W  L  N  E  R  E  V  N  I
E  L  A  H  A  P  H  O  T  E  L  C  I  N
R  I  Đ  U  B  S  T  V  O  R  N  I  C  A
M  Š  M  U  Z  E  J  E  H  O  U  Đ  A  M
A  T  F  E  U  D  L  V  U  C  P  V  Đ
R  E  M  E  Š  W  V  Y  M  R  D  E  F  G
K  F  S  T  A  D  I  O  N  O  M  Đ  H  D
E  A  H  Đ  T  Đ  P  A  R  F  R  L  Y  J
T  R  H  H  O  S  T  E  L  A  Đ  N  Z  S
K  M  T  O  R  A  N  J  G  N  C  W  L  O
L  A  B  O  R  A  T  O  R  I  J  L  S  I
```

STAN	HOTEL
STAJA	LABORATORIJ
KABINA	MUZEJ
DVORAC	ŠKOLA
KINO	STADION
TVORNICA	SUPERMARKET
FARMA	ŠATOR
BOLNICA	KAZALIŠTE
HOSTEL	TORANJ

46 - Herbalism

```
O  Y  E  A  T  B  Š  L  P  S  Đ  K  S  Y
E  K  T  O  R  I  G  A  N  O  A  O  A  R
N  W  U  O  N  L  G  V  F  M  G  R  S  U
A  S  O  S  A  J  G  A  C  R  M  I  T  Ž
R  P  L  F  B  K  S  N  T  V  A  S  O  M
Č  M  R  F  E  A  E  D  I  Đ  S  N  J  A
P  E  R  Š  I  N  H  A  T  O  N  O  A  R
O  T  Š  I  W  B  O  N  W  V  R  T  K  I
C  V  E  N  M  A  Ž  U  R  A  N  B  I  N
V  I  Y  W  J  Z  E  L  E  N  C  V  U  W
I  C  Đ  M  O  A  R  O  M  A  T  S  K  I
J  E  W  U  W  A  K  O  M  O  R  A  Č  B
E  K  U  L  I  N  A  R  S  K  I  L  F  I
T  B  O  S  I  L  J  A  K  N  Z  Z  J  V
```

AROMATSKI
BOSILJAK
KORISNO
KULINARSKI
KOMORAČ
OKUS
CVIJET
VRT
ČEŠNJAK
ZELEN

SASTOJAK
LAVANDA
MAŽURAN
METVICE
ORIGANO
PERŠIN
BILJKA
RUŽMARIN
ŠAFRAN

47 - Toys

```
O  B  R  T  F  I  K  Č  Z  V  B  A  Z  K
I  B  O  A  M  F  A  A  R  F  O  R  Z  U
B  I  C  I  K  L  M  M  A  W  J  H  M  C
I  O  Z  M  I  I  I  A  K  I  E  L  A  D
P  W  C  R  G  G  O  C  O  K  G  Y  J  L
A  D  G  N  I  C  N  I  P  A  H  W  C  B
O  J  W  C  W  W  T  G  L  I  N  A  P  U
L  M  A  Š  T  A  P  A  O  K  C  V  P  B
U  U  I  G  R  E  R  G  V  Š  A  H  P  N
G  F  T  L  A  U  T  O  M  O  B  I  L  J
T  D  H  K  J  H  P  H  B  O  J  I  C  E
V  L  A  K  A  E  V  B  K  O  L  J  Y  V
L  O  P  T  A  T  N  M  D  H  T  Đ  Y  I
Y  J  D  E  K  N  J  I  G  E  D  N  W  E
```

ZRAKOPLOV	LUTKA
LOPTA	BUBNJEVI
BICIKL	OMILJENI
ČAMAC	IGRE
KNJIGE	MAŠTA
AUTOMOBIL	ZMAJ
ŠAH	BOJE
GLINA	ROBOT
OBRT	VLAK
BOJICE	KAMION

48 - Vehicles

```
G  M  O  T  O  R  R  Đ  Č  G  F  W  B  T
T  W  K  G  U  M  E  A  S  U  L  Z  I  A
S  R  S  Č  A  M  A  C  K  O  N  K  C  K
H  P  M  T  F  N  T  G  U  E  C  A  I  S
E  T  L  R  P  C  Z  H  T  P  T  R  K  I
L  A  Đ  A  H  G  R  T  E  K  U  A  L  T
I  J  N  J  V  L  A  K  R  A  L  V  A  R
K  A  P  E  W  I  K  V  K  M  A  A  U  A
O  D  S  K  H  N  O  F  E  I  Z  N  T  K
P  H  I  T  N  A  P  O  M  O  Ć  V  O  T
T  T  F  Y  B  T  L  R  C  N  Z  K  B  O
E  N  P  O  D  M  O  R  N  I  C  A  U  R
R  D  K  O  S  W  V  H  S  V  Z  O  S  W
Z  K  Đ  B  C  A  U  T  O  M  O  B  I  L
```

ZRAKOPLOV	SPLAV
HITNA POMOĆ	RAKETA
BICIKL	SKUTER
ČAMAC	ČUNAK
AUTOBUS	PODMORNICA
AUTOMOBIL	TAKSI
KARAVAN	GUME
TRAJEKT	TRAKTOR
HELIKOPTER	VLAK
MOTOR	KAMION

49 - Flowers

```
S  K  H  P  K  I  L  B  C  O  V  L  T  K
L  J  I  L  J  A  N  O  J  R  N  A  R  B
A  A  S  U  P  T  A  Ž  D  H  Đ  V  A  D
T  S  Z  M  Z  U  R  U  J  I  L  A  T  S
I  M  W  E  H  L  C  R  E  D  I  N  I  E
C  I  U  R  M  I  I  C  T  E  L  D  N  I
A  N  V  I  V  P  S  Đ  E  J  A  A  Č  Z
B  F  O  J  W  A  Y  E  L  A  E  T  I  B
T  J  M  A  G  N  O  L  I  J  A  G  C  H
H  I  B  I  S  K  U  S  N  B  N  S  A  Đ
G  A  R  D  E  N  I  J  A  N  U  M  A  K
M  A  S  L  A  Č  A  K  P  Z  H  K  E  A
Đ  P  D  S  U  N  C  O  K  R  E  T  E  U
S  R  U  Ž  A  J  V  Y  P  D  O  S  Đ  T
```

BUKET	LJILJAN
DJETELINA	MAGNOLIJA
NARCIS	ORHIDEJA
TRATINČICA	BOŽUR
MASLAČAK	LATICA
GARDENIJA	PLUMERIJA
HIBISKUS	MAK
JASMIN	RUŽA
LAVANDA	SUNCOKRET
LILA	TULIPAN

50 - Town

```
E Z R A Č N A L U K A Y K K
I F W Y G E B M C J M A N A
I Z Z T I P H S U V D A J Z
P O H R A N I T I Z T K I A
E O C V J E Ć A R F E N Ž L
K L V R M C P D O B M J N I
A O G M T R Ž I Š T E I I Š
R Š L A K K F O Y B E Ž C T
A K P M L K I N O A V A A E
L I E M I E H S R N I R P V
Y V P L N E R O N K T A E Đ
J R B E I D Z I T A I S M T
Y T R Š K O L A J E T K I D
L J E K A R N A A A L E Y K
```

ZRAČNA LUKA
PEKARA
BANKA
KNJIŽARA
KINO
KLINIKA
CVJEĆAR
GALERIJA
HOTEL

KNJIŽNICA
TRŽIŠTE
MUZEJ
LJEKARNA
ŠKOLA
STADION
POHRANITI
KAZALIŠTE
ZOOLOŠKI VRT

51 - Antarctica

```
O  L  E  D  E  N  J  A  C  I  J  O  O  I
T  K  O  K  O  L  I  Š  H  K  J  N  T  L
E  O  O  F  S  K  Z  C  R  F  G  O  O  S
M  N  U  Y  E  P  O  A  Đ  B  U  Đ  C  T
P  Z  J  D  A  O  E  N  L  K  L  F  I  J
E  E  W  O  W  L  E  D  T  J  P  A  L  E
R  R  C  I  N  U  S  V  I  I  E  Z  R  N
A  V  G  U  K  O  T  V  O  C  N  V  Đ  O
T  A  F  N  P  T  I  C  E  L  I  E  O  V
U  C  M  Đ  U  O  E  L  U  E  H  J  N  I
R  I  Y  Đ  V  K  B  G  Y  U  E  V  A  T
A  J  Z  N  A  N  S  T  V  E  N  O  P  A
T  A  O  B  L  A  C  I  Z  T  B  D  F  S
M  I  G  R  A  C  I  J  A  V  I  A  V  I
```

ZALJEV	LED
PTICE	OTOCI
OBLACI	MIGRACIJA
KONZERVACIJA	POLUOTOK
KONTINENT	STJENOVITA
UVALA	ZNANSTVEN
OKOLIŠ	TEMPERATURA
EKSPEDICIJA	VODA
LEDENJACI	

52 - Ballet

```
U  M  J  E  T  N  I  Č  K  I  A  J  E  G
M  S  K  L  A  D  A  T  E  L  J  Y  P  L
K  O  R  E  O  G  R  A  F  I  J  A  L  A
P  U  B  L  I  K  A  B  Z  Z  F  F  J  Z
B  R  U  A  P  L  L  T  Đ  B  Z  T  E  B
A  O  A  P  L  B  Đ  Đ  N  R  Z  V  S  A
L  O  R  K  E  S  T  A  R  R  I  T  A  M
E  Y  D  P  S  G  E  S  T  A  P  B  K  I
R  M  A  Z  A  A  L  E  K  C  I  J  E  Š
I  O  Y  T  Č  V  J  E  Š  T  I  N  A  I
N  M  S  U  I  Z  R  A  Ž  A  J  A  N  Ć
A  I  N  T  E  N  Z  I  T  E  T  Đ  N  I
G  R  A  C  I  O  Z  A  N  R  U  B  F  U
J  B  V  O  G  L  T  E  H  N  I  K  A  F
```

PLJESAK	INTENZITET
UMJETNIČKI	LEKCIJE
PUBLIKA	MIŠIĆI
BALERINA	GLAZBA
KOREOGRAFIJA	ORKESTAR
SKLADATELJ	PRAKSA
PLESAČI	RITAM
IZRAŽAJAN	VJEŠTINA
GESTA	STIL
GRACIOZAN	TEHNIKA

53 - Human Body

```
Đ  N  M  U  K  K  I  Y  U  B  V  T  Đ  P
Z  A  L  K  O  Č  O  A  H  N  R  D  I  J
S  A  T  R  S  E  N  L  O  G  A  A  R  B
E  R  F  V  T  L  A  A  J  L  T  B  D  D
R  H  C  N  I  J  T  K  C  E  Y  F  Y  A
D  Y  T  E  R  U  K  A  R  Ž  N  O  S  U
I  N  K  Y  S  S  A  T  V  A  O  O  F  D
R  H  E  Đ  M  T  U  K  U  N  G  P  F  D
M  O  Z  A  K  U  S  O  L  J  A  M  F  T
I  G  V  L  M  N  T  Ž  Y  V  G  M  G  M
K  V  J  E  P  Y  A  A  M  W  L  L  Z  R
R  G  W  D  W  P  R  S  T  G  A  I  Y  S
M  H  R  R  A  M  E  J  T  W  V  C  M  T
R  C  E  F  N  J  C  L  O  L  A  E  Đ  N
```

GLEŽANJ	GLAVA
KRV	SRCE
KOSTI	ČELJUST
MOZAK	KOLJENO
BRADA	NOGA
UHO	USTA
LAKAT	VRAT
LICE	NOS
PRST	RAME
RUKA	KOŽA

54 - Musical Instruments

```
G W H J Z F V I O L I N A D
P I Z S S A K S O F O N R A
J K T T M G L P K B U O Đ Z
Đ P O A A O A T Z V O E O C
U G K M R T V I C I F A A A
H D L B I A I T R O M B O N
A W A U M W R N F L A U Đ B
R E R R B A Y E T O N B R E
F C I A A G F J R N D A W N
A N N Š K L U O U Č O N U D
E H E K O C J T B E L J G Ž
W J T I H U L K A L I J O O
F L A U T A F A E O N J N T
H A R M O N I K A R A H G K
```

BENDŽO	MANDOLINA
FAGOT	MARIMBA
VIOLONČELO	OBOA
KLARINET	UDARALJKE
BUBANJ	KLAVIR
FLAUTA	SAKSOFON
GONG	TAMBURAŠKI
GITARA	TROMBON
HARMONIKA	TRUBA
HARFA	VIOLINA

55 - Fruit

```
A  G  F  C  J  U  M  J  K  R  U  Š  K  A
J  V  J  G  F  N  A  A  N  T  A  J  D  A
H  C  O  T  A  M  N  B  R  R  K  M  S  N
B  R  L  K  S  Y  G  U  H  E  H  A  U  A
B  E  A  O  A  M  O  K  Z  Š  L  L  C  N
B  R  B  K  K  D  J  A  C  N  O  I  T  A
O  S  E  O  U  H  O  W  U  J  P  N  C  S
B  G  Z  S  Z  P  M  G  U  A  V  A  L  A
I  J  E  M  K  D  I  N  J  A  A  K  I  M
C  T  O  O  O  V  I  H  G  G  H  I  M  N
A  V  Đ  K  O  P  A  P  A  J  A  V  U  G
I  Z  P  V  O  G  R  O  Ž  Đ  E  I  N  Z
N  U  B  A  N  A  N  A  E  F  E  H  Đ  M
T  K  R  I  N  A  R  A  N  Č  A  L  H  Z
```

JABUKA	KIVI
MARELICA	LIMUN
AVOKADO	MANGO
BANANA	DINJA
BOBICA	NARANČA
TREŠNJA	PAPAJA
KOKOS	BRESKVA
SMOKVA	KRUŠKA
GROŽĐE	ANANAS
GUAVA	MALINA

56 - Virtues #1

```
V  K  N  E  Z  A  V  I  S  N  A  Đ  Š  Y
U  E  D  O  B  A  R  M  U  D  A  R  A  L
B  M  L  S  T  R  A  S  A  N  P  D  R  W
P  O  J  I  D  W  B  Č  K  I  R  B  M  Z
L  A  Z  E  K  O  R  I  S  T  A  N  A  N
Đ  H  C  F  T  O  E  S  S  L  K  U  N  A
S  I  T  I  A  N  D  T  O  H  T  V  T  T
M  P  R  K  J  C  I  U  H  N  I  J  A  I
I  O  Z  A  R  E  A  Č  Š  R  Č  E  N  Ž
J  U  T  S  N  O  N  R  K  A  A  R  I  E
E  Z  F  A  C  V  I  T  S  I  N  E  M  L
Š  D  J  N  S  K  R  O  M  A  N  N  G  J
N  A  O  D  L  U  Č  N  O  T  U  T  C  A
O  N  I  N  T  E  L  I  G  E  N  T  A  N
```

UMJETNIČKI	KORISTAN
ŠARMANTAN	NEZAVISNA
ČIST	INTELIGENTAN
UVJEREN	SKROMAN
ZNATIŽELJAN	STRASAN
ODLUČNO	PACIJENT
EFIKASAN	PRAKTIČAN
SMIJEŠNO	POUZDAN
VELIKODUŠAN	MUDAR
DOBAR	

57 - Kitchen

```
Ž  Y  A  E  N  R  I  Š  F  R  V  W  C  D
J  L  Y  L  L  P  N  O  A  H  R  A  N  A
E  N  I  F  Đ  A  Đ  Y  H  L  Č  L  Z  Y
S  Z  D  C  H  Đ  R  J  V  R  I  J  D  W
T  C  Đ  A  E  N  O  Ž  E  V  I  C  J  H
I  K  O  H  C  Z  Š  E  D  I  R  D  E  L
S  P  U  Ž  V  A  T  P  F  L  E  N  L  A
J  H  E  O  J  M  I  R  K  I  C  F  A  D
N  Y  O  Ć  K  R  L  E  U  C  E  A  F  N
D  R  R  A  N  Z  J  G  T  E  P  L  K  J
U  B  R  U  S  I  P  A  L  E  T  B  T  A
D  E  M  O  V  V  C  Č  A  J  N  I  K  K
J  K  V  P  S  A  Z  A  Č  I  N  I  V  Đ
U  O  H  L  J  Č  U  Y  A  J  N  C  C  V
```

PREGAČA   KUTLAČA
ZDJELA   UBRUS
ŠALICE   PEĆNICA
HRANA   RECEPT
VILICE   HLADNJAK
ZAMRZIVAČ   ZAČINI
ROŠTILJ   SPUŽVA
VRČ   ŽLICE
ČAJNIK   JESTI
NOŽEVI

58 - Art Supplies

```
B U L J E L S U I C S G L O
R I V M L I P T I N T A J L
I K A M E R A A A B O J E O
S D K A K K S W P L L H P V
A G H K G Y B S K I A C I K
Č E T K E L R M N S R K L E
K R E A T I V N O S T A O V
A G B S I W R U Z A U K T O
I K C G T I D E J E G R B D
B D G L Z O Z B D O L I O A
I N W I H L L B O J L J L
Đ O W N M A P I B W E P I E
A Đ U A W E Đ F C Z N P C O
H F U L K Đ R L S A P C E O
```

AKRIL   BRISAČ
ČETKE   LJEPILO
KAMERA   IDEJE
STOLICA   TINTA
UGLJEN   ULJE
GLINA   PAPIR
BOJE   OLOVKE
BOJICE   STOL
KREATIVNOST   VODA
STALAK

59 - Science Fiction

```
F V K V K K U T O P I J A G
D U K E K R N S V I J E T A
Z C J G M S A J K I N O B L
A E O J E I M J I L C Đ R A
M L B Y C O K Z N G Y A O K
I L U Z I J A A P O E R B S
Š Y F C W E T W L Đ S O O I
L J R N A J O C A I U T T J
J V A T R A M R N W J I I A
E R S P J M S K E C P E I N
N M P K T K K R T J W J L A
D I S T O P I J A S L N Đ I
F U T U R I S T I Č K I G C
I F A N T A S T I Č A N F V
```

ATOMSKI
KNJIGE
KEMIKALIJE
KINO
DISTOPIJA
KRAJNOST
FANTASTIČAN
VATRA

FUTURISTIČKI
GALAKSIJA
ILUZIJA
ZAMIŠLJEN
PLANETA
ROBOTI
UTOPIJA
SVIJET

60 - Airplanes

```
E  G  D  S  S  S  M  J  E  R  B  I  N  V
Đ  M  I  P  I  L  O  T  N  F  A  Z  B  I
C  P  Z  U  L  I  Z  E  E  A  L  G  N  S
Đ  W  A  T  A  D  M  Z  O  Y  O  R  Đ  I
S  V  J  N  Z  V  L  S  G  P  N  A  Đ  N
C  L  N  I  A  B  A  P  O  S  A  D  A  A
I  Đ  I  K  K  J  K  N  F  J  U  N  S  D
K  L  J  J  S  J  C  N  T  R  Z  J  L  M
P  R  O  P  E  L  E  R  I  U  N  A  H  O
V  S  Z  M  M  T  S  Z  U  Z  R  A  K  T
O  W  N  T  I  W  A  E  L  L  L  A  K  O
D  Y  E  E  J  I  P  N  F  F  D  E  L  R
I  Z  B  F  P  O  V  I  J  E  S  T  K  V
K  D  O  G  O  R  I  V  O  E  S  D  Z  C
```

AVANTURA	GORIVO
ZRAK	VISINA
BALON	POVIJEST
IZGRADNJA	VODIK
POSADA	SLIJETANJE
SILAZAK	PUTNIK
DIZAJN	PILOT
SMJER	PROPELERI
MOTOR	NEBO

61 - Ocean

```
F A K M O R S K I P A S S K
V L I O G M N Z C O V R O A
A G T L R Z E E K R Đ N L M
L E L U E A C D U P I N R E
O T H J B Z L Đ U H D B K N
V D L A E Z H J Y Z D T A I
I Y N C N O O E A R A G G C
Š K A M P I B G B A M P R A
O P T U N A O U I K B O B V
S P U Ž V A T L D E Y R B I
K L I K O R N J A Č A Y D D
B I V I O B I A S Z O N D L
Y M S T F R C E B D T U I P
K E E D D J A T U T D Y Đ U
```

KORALJA	ALGE
RAK	MORSKI PAS
DUPIN	ŠKAMPI
JEGULJA	SPUŽVA
RIBA	OLUJA
MEDUZA	PLIME
HOBOTNICA	TUNA
KAMENICA	KORNJAČA
GREBEN	VALOVI
SOL	KIT

62 - Birds

```
U  S  V  K  P  G  V  T  Đ  R  O  D  A  O
K  P  V  Đ  N  E  U  R  R  S  Y  N  P  R
M  E  R  T  P  A  H  S  A  Y  O  R  A  A
F  L  A  M  I  N  G  O  K  B  P  P  T  O
U  I  N  P  N  O  A  E  U  A  A  M  K  D
L  K  A  T  G  J  L  Z  K  Č  U  C  A  U
M  A  Đ  V  A  E  P  A  A  N  I  N  H
Z  N  B  H  I  G  B  A  V  P  R  H  B  H
Y  B  R  U  N  E  A  P  I  L  O  O  P  L
M  M  Đ  P  D  D  C  I  C  J  U  O  Y  V
J  A  J  E  R  I  Đ  G  A  A  R  Y  K  T
S  O  Y  P  C  L  C  A  T  O  U  C  A  N
K  A  N  A  R  I  N  A  C  W  R  Y  Đ  I
T  E  B  P  I  L  E  T  I  N  A  Y  W  B
```

KANARINAC	ČAPLJA
PILETINA	NOJ
VRANA	PAPIGA
KUKAVICA	PAUN
PATKA	PELIKAN
ORAO	PINGVIN
JAJE	VRABAC
FLAMINGO	RODA
GUSKA	LABUD
GALEB	TOUCAN

63 - Art

```
K E R A M I Č K I B N P J R
S L I K E C R I T V A C E A
O H W Đ J J M U A M D K D S
Y S K U L P T U R A R O N P
E P P I Z R A Z I E E M O O
I G E R S I M B O L A P S L
Z Z W W E K P A E S L L T O
V I D N I D R H L A I E A Ž
O S O B N I M E Z S Z K V E
R M B S F L V E N T A S A N
N T Đ B D B B O T A M Z N J
I S T V O R I T I V S C V E
K P O E Z I J A V R G T P C
N W N A D A H N U T R I O J
```

KERAMIČKI
KOMPLEKS
SASTAV
STVORITI
IZRAZ
ISKREN
NADAHNUT
RASPOLOŽENJE
IZVORNIK

SLIKE
OSOBNI
POEZIJA
SKULPTURA
JEDNOSTAVAN
PREDMET
NADREALIZAM
SIMBOL
VIDNI

64 - Nutrition

```
M Y Z O J V Z D R A V L J E
B Y M R S I E B S I I C O K
A A W L Đ T T E H H U B W J
D I J E T A K A L O R I J E
M T U K L M P T Z K A G P J
K E P Y D I W E I U V O R E
V K R N W N Z Ž T S N R O S
A U O T O K S I N I O A T T
L Ć B Z L Y P N Z K T K E I
I I A U D B C A B N E G I V
T N V M L R K B Z T Ž D N O
E E A A Z N A V I K E G I F
T R R K W Y F V R E N J E J
A H R A N L J I V Z R I N M
```

APETIT	ZDRAVLJE
URAVNOTEŽEN	ZDRAV
GORAK	TEKUĆINE
KALORIJE	HRANLJIV
DIJETA	PROTEINI
PROBAVA	KVALITETA
JESTIVO	UMAK
VRENJE	TOKSIN
OKUS	VITAMIN
NAVIKE	TEŽINA

65 - Hiking

```
A M E U T P P L I Đ F S Č U
E F U L M O T A I H C B I O
V S U F D O K A R T A K Z R
S U N C E P R S V K I P M I
K Ž I V O T I N J E O C E J
A R K O P P K B I G E V A E
M V O D A L A T E Š K A I N
P B M I S A M U V L Y C P T
I J A Č N N E P R I R O D A
R Đ R I O I N Z O U U Đ Z C
A W C Z S N J W D I V L J I
N V I B T A E I T N D C A J
J A C F I S C O K L I M A A
E P R I P R E M A Đ N N U K
```

ŽIVOTINJE	PLANINA
ČIZME	PRIRODA
KAMPIRANJE	ORIJENTACIJA
LITICA	PARKOVI
KLIMA	PRIPREMA
VODIČI	KAMENJE
OPASNOSTI	SUNCE
TEŠKA	UMORNI
KARTA	VODA
KOMARCI	DIVLJI

66 - Professions #1

```
U R E D N I K R O J A Č Đ A
K A R T O G R A F O W V K M
U L V P L E S A Č I C A S B
N Z A S T R O N O M L T G A
Đ O L I J E Č N I K P R L S
T D M H A Y Z G E C I O A A
R V M O P B L R B Z J G Z D
G J M L R A A S E L A A B O
O E J O H N T R S O N S E R
J T O G E K A N G V I A N O
K N I L Đ A R R E A S C I G
V I P J O R G E E C T Y K K
I K L W Y G T R E N E R I J
Z Z N A N S T V E N I K N F
```

AMBASADOR
ASTRONOM
ODVJETNIK
BANKAR
KARTOGRAF
TRENER
PLESAČICA
LIJEČNIK
UREDNIK
VATROGASAC

GEOLOG
LOVAC
ZLATAR
GLAZBENIK
PIJANIST
PSIHOLOG
MORNAR
ZNANSTVENIK
KROJAČ

67 - Dinosaurs

```
G M A Z P Z M E S O Ž D E R
F G C H O W A N A B J R G H
U O M H F S M Č O V P E Đ F
H O O Z Z T U B A Y H J A O
S V E J E D T Đ P R V K N Đ
N N B L F Z J C U E A B P Đ
P E A B V M T W T P V N L R
F W S Ž B I L J O J E D I O
H M Đ T A D Y M G K L N J F
K W S T A N N Y R R I J E O
V R S T A N W M O I Č A N S
Z E M L J A A K M L I U R I
V E L I K I Y K A A N V N L
I J G T Đ M U Y N E A I W I
```

MESOŽDER   SNAŽAN
NESTANAK   PLIJEN
ZEMLJA   GMAZ
OGROMAN   VELIČINA
FOSILI   VRSTA
BILJOJEDI   REP
VELIKI   ZAČARANI
MAMUT   KRILA
SVEJED

68 - Barbecues

```
H  V  V  E  Č  E  R  A  Y  P  L  P  A  Z
R  P  I  G  G  L  A  D  O  R  V  A  L  M
A  O  N  L  B  Đ  R  H  J  I  Đ  S  P  P
N  V  Đ  A  I  N  D  C  D  J  E  C  A  I
A  R  O  Z  K  C  T  Đ  L  A  R  H  O  L
F  Ć  E  B  U  E  E  R  S  T  V  M  B  E
L  E  M  A  B  C  V  A  D  E  I  W  I  T
S  A  L  A  T  E  P  J  D  L  H  V  T  I
N  V  R  U  Ć  E  D  Č  D  J  Y  F  E  N
R  O  Š  T  I  L  J  I  Y  I  S  L  L  A
M  F  Ž  V  T  Y  G  C  P  G  G  J  J  Z
G  Z  U  E  O  P  I  E  G  T  S  E  Y  H
I  G  R  E  V  Ć  A  A  A  Z  M  T  D  J
U  M  A  K  T  I  E  R  Z  V  S  O  L  Z
```

PILETINA	VRUĆE
DJECA	GLAD
VEČERA	NOŽEVI
OBITELJ	GLAZBA
HRANA	SALATE
VILICE	SOL
PRIJATELJI	UMAK
VOĆE	LJETO
IGRE	RAJČICE
ROŠTILJ	POVRĆE

69 - Surfing

```
Y  S  I  U  P  P  J  E  N  A  V  T  P  T
Z  H  S  P  R  E  J  S  N  T  O  K  O  P
S  N  S  O  V  A  L  P  J  S  T  Z  Č  S
T  D  K  R  A  J  N  O  S  T  E  H  E  T
Đ  F  W  P  K  C  D  R  P  I  J  R  T  S
N  Z  A  B  A  V  A  T  O  L  Y  K  N  N
L  Đ  C  R  Z  A  Y  A  P  G  A  A  I  A
K  L  V  Z  Y  J  P  Š  U  U  U  Ž  K  G
T  F  R  I  E  U  L  U  L  D  V  Ž  A  A
O  N  I  N  J  O  I  M  A  A  E  N  V  K
Đ  C  J  A  H  N  V  G  R  G  S  Y  T  E
G  R  E  B  E  N  A  N  A  O  L  F  B  N
Y  O  M  A  T  D  T  J  N  O  O  I  R  Đ
H  F  E  P  N  Đ  I  Ž  E  L  U  D  A  C
```

SPORTAŠ	POPULARAN
PLAŽA	GREBEN
POČETNIK	BRZINA
PRVAK	SPREJ
GUŽVE	ŽELUDAC
KRAJNOST	SNAGA
PJENA	STIL
ZABAVA	PLIVATI
OCEAN	VAL
VESLO	VRIJEME

70 - Chocolate

```
Z  A  N  A  T  S  K  I  T  D  F  D  S  R
S  B  U  Z  W  Đ  W  D  S  G  S  P  A  E
U  K  U  S  J  T  J  P  C  N  D  S  S  C
F  E  T  Z  K  Y  E  O  G  Y  F  L  T  E
C  R  U  Đ  K  A  R  A  M  E  L  A  O  P
Š  S  M  B  A  R  O  M  A  Z  Z  T  J  T
B  E  D  J  K  O  K  O  S  Y  J  K  A  U
O  K  Ć  G  A  F  I  E  J  C  Y  O  K  K
M  F  Y  E  O  M  I  L  J  E  N  I  Đ  U
B  A  A  V  R  R  N  U  F  U  S  R  G  S
O  K  U  S  K  V  A  L  I  T  E  T  A  N
N  M  F  L  U  K  I  K  I  R  I  K  I  O
K  A  L  O  R  I  J  E  Đ  G  L  U  T  C
E  G  Z  O  T  I  Č  N  O  T  E  Y  N  B
```

AROMA
ZANATSKI
GORAK
KAKAO
KALORIJE
BOMBON
KARAMELA
KOKOS
UKUSNO
EGZOTIČNO

OMILJENI
OKUS
SASTOJAK
KIKIRIKI
KVALITETA
RECEPT
ŠEĆER
SLATKO
UKUS
JESTI

71 - Vegetables

```
Đ  S  A  K  F  Y  M  D  E  H  R  P  L  E
R  A  Đ  R  O  T  K  V  I  C  A  E  Đ  L
O  L  C  A  T  M  L  U  K  T  D  R  O  U
U  A  O  S  J  I  E  T  G  R  A  Š  A  K
C  T  O  T  S  R  Č  Đ  U  M  B  I  R  K
P  A  T  A  P  A  E  O  C  J  R  N  A  O
A  M  N  V  R  J  Š  G  K  K  O  K  N  Z
T  O  B  A  P  Č  N  Y  N  A  K  E  V  J
L  A  U  C  C  I  J  Š  Z  R  U  G  E  A
I  T  N  C  Z  C  A  D  P  F  L  O  J  K
D  I  D  S  J  A  K  N  C  I  A  J  P  N
Ž  C  E  L  E  R  E  P  A  O  N  F  A  Z
A  A  V  G  L  J  I  V  A  L  R  A  L  F
N  C  A  N  T  H  O  O  B  U  R  G  T  P
```

ARTIČOKA	LUK
BROKULA	PERŠIN
MRKVA	GRAŠAK
KARFIOL	BUNDEVA
CELER	ROTKVICA
KRASTAVAC	SALATA
PATLIDŽAN	LUK KOZJAK
ČEŠNJAK	ŠPINAT
ĐUMBIR	RAJČICA
GLJIVA	REPA

72 - Boats

```
S  I  D  R  O  T  R  B  R  M  O  J  R  P
N  P  O  M  O  R  S  K  I  U  Ž  E  H  O
K  P  L  U  T  A  Č  A  J  R  K  Z  P  S
G  Z  J  A  H  T  A  V  E  I  N  E  S  A
S  V  S  I  V  F  J  K  T  I  R  H  D
J  E  D  R  I  L  I  C  A  L  C  O  S  A
K  A  N  U  T  R  A  J  E  K  T  Y  Đ  K
A  B  R  P  R  I  S  T  A  N  I  Š  T  E
J  C  E  B  B  S  V  I  M  O  T  O  R  E
A  J  E  K  O  E  H  E  O  O  C  E  A  N
K  E  W  N  B  L  U  T  R  R  R  W  N  C
P  L  I  M  A  Đ  I  S  N  R  N  E  N  I
T  E  L  V  S  D  F  Y  A  T  K  U  F  F
G  Y  O  D  S  D  G  U  R  V  H  G  L  G
```

SIDRO	POMORSKI
PLUTAČA	OCEAN
KANU	SPLAV
POSADA	RIJEKA
PRISTANIŠTE	UŽE
MOTOR	JEDRILICA
TRAJEKT	MORNAR
KAJAK	MORE
JEZERO	PLIMA
JARBOL	JAHTA

73 - Activities and Leisure

```
U F F C K A M P I R A N J E
F M T E N I S O D B O J K A
I B J V R T L A R S T V O D
L W B E J Z B O L N Đ J P D
Z T P U T O V A T I C F U P
H G R H I N O G O M E T Š J
S O I A V R O W K L N U T E
U L B O K S O S R Đ H C A Š
R F A I D Y B N T Y E E N A
F W R Z J P F H J U J T J Č
A N S W F I W F C E V H E E
N N T U L S L I K A N Z G N
J O V P L I V A N J E J J J
E K O Š A R K A M T U U E E
```

UMJETNOST	HOBIJI
BEJZBOL	SLIKA
KOŠARKA	OPUŠTANJE
BOKS	NOGOMET
KAMPIRANJE	SURFANJE
RONJENJE	PLIVANJE
RIBARSTVO	TENIS
VRTLARSTVO	PUTOVATI
GOLF	ODBOJKA
PJEŠAČENJE	

74 - Driving

```
A  Z  P  P  L  I  N  H  L  C  W  V  T  A
N  F  D  J  C  Đ  H  I  G  E  T  G  A  U
A  F  T  W  E  T  O  P  A  S  N  O  S  T
L  E  C  G  L  Š  I  G  T  T  U  R  Đ  O
Y  B  R  Z  I  N  A  O  U  A  J  I  P  M
N  E  S  R  E  Ć  A  K  N  K  K  V  Đ  O
P  M  I  L  Z  J  J  G  E  S  A  O  E  B
O  O  G  I  F  I  Z  A  L  K  R  V  P  I
L  T  U  C  G  L  K  R  M  O  T  O  R  L
I  O  R  E  I  N  I  A  Đ  Č  A  Z  O  S
C  C  N  N  G  K  N  Ž  M  N  Đ  A  M  I
I  I  O  C  M  Z  S  A  G  I  Y  Č  E  L
J  K  S  A  W  U  Đ  G  M  C  O  Z  T  B
A  L  T  N  S  L  O  H  J  E  P  N  J  U
```

NESREĆA	MOTOR
KOČNICE	MOTOCIKL
AUTOMOBIL	PJEŠAK
OPASNOST	POLICIJA
VOZAČ	CESTA
GORIVO	SIGURNOST
GARAŽA	BRZINA
PLIN	PROMET
LICENCA	KAMION
KARTA	TUNEL

75 - Professions #2

```
K  J  E  Z  I  K  O  S  L  O  V  A  C  I
V  N  S  L  I  K  A  R  L  J  E  I  Y  O
I  T  J  N  O  V  I  N  A  R  M  N  O  V
L  K  F  I  L  O  Z  O  F  Z  U  B  A  R
U  I  O  N  Ž  P  U  R  A  F  G  I  S  T
S  R  R  Ž  A  N  M  F  W  O  T  O  T  L
T  U  E  E  J  C  I  Z  C  T  J  L  R  A
R  R  D  N  B  P  T  Č  L  O  U  O  O  R
A  G  T  J  W  K  E  H  A  G  Č  G  N  Z
T  B  O  E  P  I  L  O  T  R  I  H  A  O
O  V  G  R  K  Đ  J  K  T  A  T  L  U  O
R  D  E  T  E  K  T  I  V  F  E  W  T  L
L  I  J  E  Č  N  I  K  B  O  L  G  Y  O
I  S  T  R  A  Ž  I  V  A  Č  J  K  J  G
```

ASTRONAUT	JEZIKOSLOVAC
BIOLOG	SLIKAR
ZUBAR	FILOZOF
DETEKTIV	FOTOGRAF
INŽENJER	LIJEČNIK
VRTLAR	PILOT
ILUSTRATOR	ISTRAŽIVAČ
IZUMITELJ	KIRURG
NOVINAR	UČITELJ
KNJIŽNIČAR	ZOOLOG

76 - Emotions

```
M R C A M U Z U U D B T A Z
L I A E I B P N S O L A S A
O J R D R O S E M S A Z I D
L U U A O B M U S A Ž F M O
B M I B N S Y G T D E U P V
T U G A A T T O R A N U A O
L Y V Y K V H D A O S Z T L
Z A H V A L A N H P T B I J
L J U B A Z N O S T V U J A
O L A K Š A N J E Z O Đ A N
I Z N E N A Đ E N J E E F A
W S A D R Ž A J O S I N P H
N J E Ž N O S T H F D D H I
I N A B M N P D B I J E S H
```

BIJES   LJUBAZNOST
BLAŽENSTVO   LJUBAV
DOSADA   MIR
MIRAN   OLAKŠANJE
SADRŽAJ   TUGA
NEUGODNO   ZADOVOLJAN
UZBUĐEN   IZNENAĐENJE
STRAH   SIMPATIJA
ZAHVALAN   NJEŽNOST
RADOST

77 - Mythology

```
H C Z F V H S E S L W C G L
Z F Y C G R M L J A V I N A
R A T N I K R I E B M K E S
B O Ž A N S T V A I U A B T
K S L E G E N D A R N T O V
S U I E P N I K Y I J A S A
T D L S U D K N N A S V R
V T Đ T Z W Y J C T I T E A
O Đ L J U B O M O R A R T N
R D Z U H R E Z O K B O A J
E P O N A Š A N J E Đ F W E
N U A A A R H E T I P A R F
J O J K B E S M R T N O S T
E U V J E R E N J A D F F E
```

ARHETIP   BESMRTNOST
PONAŠANJE   LJUBOMORA
UVJERENJA   LABIRINT
STVARANJE   LEGENDA
STVORENJE   MUNJA
KULTURA   SMRTNIK
BOŽANSTVA   OSVETA
KATASTROFA   GRMLJAVINA
NEBO   RATNIK
JUNAK

78 - Hair Types

```
W  I  S  S  B  P  G  C  B  L  P  C  V  N
H  H  M  T  R  L  J  U  L  L  A  C  A  Y
W  B  E  A  Đ  E  W  J  J  U  H  J  L  T
M  N  Đ  N  E  T  B  F  S  I  V  A  O  K
Ć  E  L  A  V  E  C  R  B  O  U  G  V  R
D  R  K  K  J  N  S  T  O  P  B  P  I  A
H  C  O  A  I  I  Z  D  R  A  V  H  T  T
C  R  N  A  C  J  E  R  E  E  S  A  A
K  O  V  R  Č  E  Đ  B  A  N  T  J  D  K
I  T  Z  I  O  P  L  E  T  E  N  A  U  G
B  I  J  E  L  I  F  O  S  I  W  J  G  W
E  P  L  A  V  U  Š  A  U  U  W  A  O  P
R  B  K  O  V  R  Č  A  V  A  H  N  G  J
B  P  T  D  Đ  B  S  O  U  T  V  O  M  D
```

ĆELAV	ZDRAV
CRNA	DUGO
PLAVUŠA	SJAJAN
PLETENA	KRATAK
PLETENICE	SREBRO
SMEĐ	MEKAN
KOVRČE	DEBEO
KOVRČAVA	TANAK
SUHO	VALOVITA
SIVA	BIJELI

79 - Furniture

```
O  H  S  S  T  O  L  F  Đ  F  M  J  O  V
R  G  I  V  I  S  E  Ć  A  U  P  K  P  E
M  S  LJ L  D  S  A  Z  T  J  E  Š  I
A  K  R  E  V  E  T  F  R  O  W  H  P  J
R  A  P  T  D  Z  Z  A  P  N  T  I  C  A
F  U  O  I  H  A  F  O  T  E  LJ J  A  S
P  Č  L  L  U  V  L  S  T  E  P  I  H  T
P  P  I  J  W  J  M  O  T  A  I  R  V  U
D  A  C  K  F  E  N  A  Đ  O  I  U  B  K
N  K  E  A  B  S  M  T  D  Z  L  Đ  J  L
M  I  S  K  V  E  A  O  D  R  O  I  A  U
Z  Đ  V  F  O  Đ  M  B  U  Đ  A  I  C  P
V  H  Đ  G  B  Đ  J  A  S  T  U  C  I  A
H  V  J  S  A  J  W  G  C  H  M  Y  D  U
```

FOTELJA	STOL
ORMAR	FUTON
KREVET	VISEĆA
KLUPA	SVJETILJKA
STOLICA	MADRAC
TJEŠI	OGLEDALO
KAUČ	JASTUK
ZAVJESE	TEPIH
JASTUCI	POLICE

80 - Garden

```
T  J  P  D  B  K  H  G  R  M  I  W  R  U
R  I  B  N  J  A  K  R  R  N  I  M  E  A
A  T  T  H  H  T  R  A  M  P  O  L  I  N
V  L  F  R  V  B  V  B  D  O  W  O  G  C
A  L  O  P  A  T  A  L  H  O  Z  Z  A  R
Z  C  G  D  G  V  T  J  T  B  P  A  R  I
U  V  R  C  K  O  N  E  W  R  P  P  A  J
G  I  A  M  D  Ć  H  J  U  Y  I  M  Ž  E
T  J  D  K  P  N  R  Z  A  I  Z  J  A  V
S  E  A  H  J  J  C  U  Đ  K  M  F  E  O
D  T  R  A  U  A  K  L  U  P  A  G  K  M
U  I  O  A  O  K  Z  V  I  S  E  Ć  A  Đ
N  S  B  V  S  E  C  R  D  R  V  O  E  Y
J  V  M  S  Đ  A  E  T  K  O  R  O  V  M
```

KLUPA	VOĆNJAK
GRM	RIBNJAK
OGRADA	TRIJEM
CVIJET	GRABLJE
GARAŽA	LOPATA
VRT	TERASA
TRAVA	TRAMPOLIN
VISEĆA	DRVO
CRIJEVO	LOZA
TRAVNJAK	KOROV

81 - Birthday

```
S  I  P  R  O  S  L  A  V  A  W  K  D  K
V  I  V  O  U  L  M  L  I  U  O  Đ  K  A
B  T  I  Đ  H  I  B  M  Y  Č  N  W  I  G
V  E  F  F  Đ  Z  L  F  I  A  Y  S  O
V  Z  L  N  F  P  K  A  R  T  I  C  E  D
M  U  D  R  O  S  T  D  B  I  K  K  D  I
P  J  E  S  M  A  L  I  Z  A  S  D  V  N
P  O  Z  I  V  N  I  C  E  A  V  H  R  A
J  M  S  S  R  E  T  A  N  U  I  A  I  G
K  A  L  E  N  D  A  R  G  J  J  A  J  D
P  K  J  I  B  T  O  R  T  A  E  D  E  A
A  W  F  K  Đ  A  J  C  I  S  Ć  A  M  N
S  J  A  J  N  O  N  L  Đ  S  E  R  E  Y
R  A  D  O  S  T  A  N  P  Z  Z  K  C  R
```

ROĐEN	SRETAN
TORTA	POZIVNICE
KALENDAR	RADOSTAN
SVIJEĆE	PJESMA
KARTICE	POSEBAN
PROSLAVA	VRIJEME
DAN	UČITI
ZABAVA	MUDROST
DAR	GODINA
SJAJNO	MLADI

82 - Beach

```
M O R E S U N C E R O K P P
S T S Č A M A C R U C K R L
M O W N N P P K V Č E C I I
K K K O D M O R R N A R S V
I I V D A M U V A I N Z T A
Š W B P L S R L K K Đ G A T
O P I J E S A K G C O W N I
B B P J E D R I L I C A I Š
R A A L A G U N A I F Y Š K
A H W L G R E B E N V W T O
N O N L A P L A V A Đ W E L
E U S I I C O S P Z A Z Đ J
P S Z U V W Đ F R Y J F E K
C Y H D M H P E K T S J Z E
```

PLAVA
ČAMAC
OBALA
RAK
PRISTANIŠTE
OTOK
LAGUNA
OCEAN
GREBEN
JEDRILICA

PIJESAK
SANDALE
MORE
ŠKOLJKE
SUNCE
PLIVATI
RUČNIK
KIŠOBRAN
ODMOR

83 - Adjectives #1

```
A  L  I  E  G  Z  O  T  I  Č  N  O  K  L
T  E  Š  K  A  F  R  L  D  M  D  V  F  A
R  V  S  R  D  O  Đ  I  E  A  R  V  I  M
A  E  O  U  M  Đ  W  L  N  P  J  A  S  B
K  L  I  Z  G  T  P  I  T  S  N  O  K  I
T  I  S  M  B  O  P  J  I  O  F  U  R  C
I  K  R  L  K  I  O  E  Č  L  M  S  E  I
V  O  E  V  M  V  L  P  A  U  O  P  N  O
A  D  T  A  N  A  K  J  N  T  D  O  O  Z
N  U  A  Ž  K  W  D  C  A  A  E  R  D  A
T  Š  N  N  I  Đ  B  T  W  N  R  I  O  N
B  A  R  O  M  A  T  S  K  I  A  T  A  D
U  N  K  O  R  I  S  T  A  N  N  I  Y  I
U  M  J  E  T  N  I  Č  K  I  A  J  J  M
```

APSOLUTAN
AMBICIOZAN
AROMATSKI
UMJETNIČKI
ATRAKTIVAN
LIJEP
MRAK
EGZOTIČNO
VELIKODUŠAN
SRETAN

TEŠKA
KORISTAN
ISKREN
IDENTIČAN
VAŽNO
MODERAN
OZBILJAN
USPORITI
TANAK

84 - Rainforest

```
H D A G R S B P P B V N O M
S K U K C I P R O O O R Č A
O J Z J K S J I Š T D A U H
T B K A U A M R T A O Z V O
U O L P H V Z O O N Z N A V
T P I A E C A D V I E O N I
O S M U C I J A A Č M L J N
Č T A T O I E I N K C I E A
I A L O W B D L J I I K R L
Š N V H R V N H E Z D O S R
T A T T B P I O Y D A S G P
E K S O L R C I V R S T A M
D Ž U N G L A U Đ A H L M M
J D K O P T I C E T K Y W K
```

VODOZEMCI
PTICE
BOTANIČKI
KLIMA
OBLACI
ZAJEDNICA
RAZNOLIKOST
AUTOHTONO
KUKCI
DŽUNGLA

SISAVCI
MAHOVINA
PRIRODA
OČUVANJE
UTOČIŠTE
POŠTOVANJE
OBNOVA
VRSTA
OPSTANAK

85 - Technology

```
P  R  I  K  A  Z  A  S  L  O  N  O  B  U
I  V  S  D  A  T  O  T  E  K  A  L  B  S
N  I  T  B  K  V  I  R  T  U  A  L  A  N
T  R  R  I  J  J  Y  L  U  N  P  N  J  K
E  U  A  E  S  I  G  U  R  N  O  S  T  T
R  S  Ž  B  Z  O  M  A  K  U  R  S  O  R
N  P  I  N  L  V  F  D  R  F  U  Đ  V  T
E  O  V  B  L  O  G  T  L  S  K  L  I  S
T  D  A  G  T  V  Y  U  V  T  A  R  V  A
F  A  N  B  P  R  E  G  L  E  D  N  I  K
A  C  J  S  O  M  Đ  Z  O  T  R  N  M  N
M  I  E  K  A  M  E  R  A  V  R  G  I  M
O  P  Đ  F  Y  D  I  G  I  T  A  L  N  I
R  A  Č  U  N  A  L  O  J  L  T  C  E  M
```

BLOG	DATOTEKA
PREGLEDNIK	INTERNET
BAJTOVI	PORUKA
KAMERA	ISTRAŽIVANJE
RAČUNALO	ZASLON
KURSOR	SIGURNOST
PODACI	SOFTVER
DIGITALNI	VIRTUALAN
PRIKAZ	VIRUS

86 - Landscapes

```
G D S M L G P W D C B M P R
B O T O K E U V G U R O L I
P L A Ž A J S T U N D R A J
Đ I O O L Z T M K S O E N E
K N Š A U I I M S P Y O I K
K A M P Z R N Đ V O B C N A
I I Đ M I A J A L L F E A V
M L J K R L A L E U Z A N O
M O Đ J E M J C D O J N Y D
O F Č E B Đ A A E T E I L O
D O A V U L K A N O Z F Z P
T Z P S A O Z V J K E F T A
O G F M B R A R A E R B Y D
L E D E N A A K K N O S J D
```

PLAŽA	OAZA
ŠPILJA	OCEAN
PUSTINJA	POLUOTOK
GEJZIR	RIJEKA
LEDENJAK	MORE
BRDO	MOČVARA
LEDENA	TUNDRA
OTOK	DOLINA
JEZERO	VULKAN
PLANINA	VODOPAD

87 - Visual Arts

```
P E R S P E K T I V A C F E
E A V A R H I T E K T U R A
K R E A T I V N O S T I P I
Z J I Y S U U M J E T N I K
S T V P L G L I N A Đ I K S
L A O O I L L A S R Y F E K
S S S R K J A J K W E K R U
N Z A T A E M A T R I C A L
I R K R A N P S F I L M M P
N C H E K V T T Đ R V G I T
K M A T C Z P A J B B P K U
K R E D A H O L O V K A A R
U I P V E L O A G M W Y M A
F L C R E M E K D J E L O A
```

ARHITEKTURA   REMEK-DJELO
UMJETNIK   SLIKA
KERAMIKA   OLOVKA
KREDA   PERSPEKTIVA
UGLJEN   PORTRET
GLINA   SKULPTURA
SASTAV   MATRICA
KREATIVNOST   LAK
STALAK   VOSAK
FILM

88 - Plants

```
F Š U M A K C B K C D D T R
I L B B R Š L J A N G R M N
G N O J I V O A J M U V Đ O
P F G R A H P J L N B O I W
O J C D A S O C B N C U D Z
V E G E T A C I J A L H S O
M A H O V I N A V U T Y P L
L G I K A K T U S B B K V L
D A C O N Y B O T A N I K A
Đ Đ T R U P U R E T T V L C
B O B I C A D F M U R R I G
T V D J C V I J E T A T Š B
R V F E E A N Z L M V D Ć M
M I O N T S Đ P J D A F E H
```

BAMBUS	ŠUMA
GRAH	VRT
BOBICA	TRAVA
BOTANIKA	BRŠLJAN
GRM	MAHOVINA
KAKTUS	LATICA
GNOJIVO	KORIJEN
FLORA	TEMELJ
CVIJET	DRVO
LIŠĆE	VEGETACIJA

89 - Countries #2

```
Y N S M E K S I K O R R V E
S O M A L I J A W B I T P T
N U E I F L I B A N O N A I
N N J H L J L J T M G Y K O
J R H I V R I F J M R V I P
F A H A T F B U I D Č I S I
A U M J I N E P A P K U T J
D L N A M T R S U D A N A A
A A B P J A I I G L B S N O
N O M A B K J R A N E P A L
S S I N N W A I N J Y A U I
K R G Đ G I H J D S L B J S
A I R U S I J A A R D N F S
N I G E R I J A G D Đ H P I
```

ALBANIJA
DANSKA
ETIOPIJA
GRČKA
HAITI
JAMAJKA
JAPAN
LAOS
LIBANON
LIBERIJA

MEKSIKO
NEPAL
NIGERIJA
PAKISTAN
RUSIJA
SOMALIJA
SUDAN
SIRIJA
UGANDA

90 - Ecology

```
G  P  W  T  Z  A  J  E  D  N  I  C  E  F
V  V  R  M  O  Č  V  A  R  A  S  B  Z  A
P  R  E  B  L  O  P  O  D  R  Ž  I  V  U
R  R  S  G  S  P  W  L  R  J  Đ  L  F  N
I  R  U  T  E  S  I  G  A  F  M  J  L  A
R  O  R  V  A  T  M  U  E  N  F  E  O  S
O  E  S  C  H  A  A  C  K  V  I  Đ  R  T
D  O  I  Y  S  N  M  C  S  J  J  N  A  A
N  S  U  Š  A  A  O  E  I  U  W  H  E  N
O  K  K  J  U  K  H  N  D  J  Y  V  V  I
G  L  P  R  I  R  O  D  A  D  A  S  G  Š
R  I  R  U  Đ  P  O  M  O  R  S  K  I  T
Z  M  G  L  O  B  A  L  N  O  F  P  T  E
R  A  Z  N  O  L  I  K  O  S  T  K  I  J
```

KLIMA
ZAJEDNICE
RAZNOLIKOST
SUŠA
FAUNA
FLORA
GLOBALNO
STANIŠTE
POMORSKI
MOČVARA

PLANINE
PRIRODNO
PRIRODA
BILJE
RESURSI
VRSTA
OPSTANAK
ODRŽIV
VEGETACIJA

91 - Adjectives #2

```
A  U  T  E  N  T  I  Č  N  O  P  D  N  B
O  D  A  R  O  V  I  T  N  E  O  I  N  G
P  Y  Y  E  E  O  R  H  B  E  Z  V  B  N
I  E  P  T  Đ  D  N  U  I  N  N  L  S  S
S  W  G  Z  N  G  U  V  Ć  C  A  J  U  Z
N  N  L  N  M  O  Z  J  U  E  T  I  H  A
I  J  A  K  Y  V  V  S  G  P  I  P  O  N
Z  C  D  G  S  O  Z  L  O  R  V  O  T  I
D  P  A  Z  K  R  E  A  T  I  V  N  I  M
R  J  N  U  S  A  G  N  G  R  C  O  K  L
A  R  Y  O  S  N  U  A  H  O  H  S  T  J
V  O  O  E  U  A  N  S  D  U  A  N  I
E  L  E  G  A  N  T  A  N  N  S  N  W  V
N  O  V  O  P  Y  T  H  P  O  S  P  A  N
```

AUTENTIČNO	ZANIMLJIV
KREATIVNI	PRIRODNO
OPISNI	NOVO
SUHO	PONOSAN
ELEGANTAN	ODGOVORAN
POZNATI	SLAN
DAROVIT	POSPAN
ZDRAV	JAK
VRUĆE	DIVLJI
GLADAN	

92 - Math

```
M S D J B M A H G W M W P S
O P S E G F R A K C I J A S
P E V D E C I M A L A J R I
O R O N Đ N T N U P R J A M
L I L A H F M J R R A B L E
I M U D W S E K K O D B E T
G E M Ž G S T U W M I R L R
O T E B K N I T R J J O O I
N A N A P A K O T E U J G J
T R O K U T A V I R S E R A
G E O M E T R I J A V V A F
P A R A L E L N O B T I M O
N Z J C K V A D R A T N L Y
E K S P O N E N T U Đ A V W
```

KUTOVI
ARITMETIKA
OPSEG
DECIMALA
PROMJER
JEDNADŽBA
EKSPONENT
FRAKCIJA
GEOMETRIJA
BROJEVI

PARALELNO
PARALELOGRAM
PERIMETAR
POLIGON
RADIJUS
KVADRAT
SIMETRIJA
TROKUT
VOLUMEN

93 - Water

```
Z  T  T  V  L  A  Ž  N  O  S  T  J  U  N
P  W  U  M  O  N  S  U  N  K  T  P  J  A
H  S  Š  A  J  F  W  U  I  I  R  Đ  E  V
S  N  I  J  E  G  F  J  R  Š  V  B  Z  O
Đ  M  E  L  P  P  O  C  E  A  N  K  E  D
Đ  D  C  H  O  M  P  Z  M  V  G  A  R  N
Z  G  N  V  P  P  S  A  M  E  J  A  O  J
G  G  C  S  L  E  D  M  R  A  Z  B  N  A
D  E  I  C  A  P  M  L  I  A  H  Z  V  V
Y  N  J  A  V  Đ  N  Z  J  Y  E  F  A  A
F  P  Z  Z  A  I  D  S  E  E  S  H  L  N
O  L  C  K  I  Y  E  U  K  M  A  Z  O  J
W  I  S  P  A  R  A  V  A  N  J  E  V  E
V  L  A  G  A  K  A  N  A  L  W  R  I  Z
```

KANAL   VLAGA
ISPARAVANJE   MONSUN
POPLAVA   OCEAN
MRAZ   KIŠA
GEJZIR   RIJEKA
VLAŽNOST   TUŠ
URAGAN   SNIJEG
LED   PARA
NAVODNJAVANJE   VALOVI
JEZERO

94 - Activities

```
V R T L A R S T V O M J F Š
F O T O G R A F I J A P A I
O U M J E T N O S T G V S V
O K K Đ Č O H Z G M I M I A
P Đ G E Y I G R E I J T N N
U L K O B R T U H Y A O T J
Š L E P J E Š A Č E N J E E
T M R T H L I W N K Z O R P
A H A R E S O K F J G N E C
N V M S L N C V K U E F S P
J D I K M P J P Đ B K A I P
E G K W O W W E V K E N B L
Đ L A K A M P I R A N J E E
Z A D O V O L J S T V O B S
```

UMJETNOST

KAMPIRANJE

KERAMIKA

OBRT

PLES

IGRE

VRTLARSTVO

PJEŠAČENJE

LOV

INTERESI

PLETENJE

MAGIJA

FOTOGRAFIJA

ZADOVOLJSTVO

ČITANJE

OPUŠTANJE

ŠIVANJE

95 - Literature

```
U  B  L  Z  A  D  F  R  Đ  Đ  A  V  L  G
W  K  G  A  N  Đ  I  P  I  O  P  I  S  F
R  Z  F  K  A  H  K  J  S  T  M  A  L  C
K  L  W  L  L  M  C  E  A  T  A  Đ  B  R
G  W  E  J  O  S  I  S  N  L  I  M  I  B
M  K  N  U  G  V  J  M  A  K  O  L  O  A
W  P  M  Č  I  H  A  A  L  R  Z  G  G  A
T  E  M  A  J  U  O  P  I  I  S  K  R  U
G  Y  S  K  A  C  U  K  Z  M  Đ  E  A  T
M  E  T  A  F  O  R  A  A  A  A  W  F  O
P  J  E  S  N  I  Č  K  I  L  T  U  I  R
W  F  J  U  K  B  R  O  M  A  N  D  J  V
B  G  U  P  A  N  E  G  D  O  T  A  A  G
O  K  S  U  S  P  O  R  E  D  B  A  U  D
```

ANALOGIJA	FIKCIJA
ANALIZA	METAFORA
ANEGDOTA	ROMAN
AUTOR	PJESMA
BIOGRAFIJA	PJESNIČKI
USPOREDBA	RIMA
ZAKLJUČAK	RITAM
OPIS	STIL
DIJALOG	TEMA

96 - Geography

```
Y  F  O  P  K  O  N  T  I  N  E  N  T  M
Đ  W  A  S  L  E  D  A  F  V  M  Y  M  E
Š  I  R  I  N  A  L  D  W  Z  Z  P  O  R
S  J  E  V  E  R  N  O  C  E  A  N  R  I
J  V  J  V  B  J  A  I  K  Y  P  N  E  D
U  G  I  T  Đ  V  H  Đ  N  O  A  L  T  I
G  R  R  S  L  B  S  A  Y  A  D  O  N  J
S  A  E  G  I  H  E  M  I  S  F  E  R  A
V  D  G  T  H  N  R  Z  E  M  L  J  A  N
I  Y  I  Đ  Z  O  A  I  A  T  L  A  S  R
J  M  J  D  K  T  P  W  J  Đ  R  N  N  H
E  W  A  H  N  O  G  E  V  E  H  Đ  Z  Đ
T  A  T  D  Z  K  R  N  Y  W  K  P  N  T
T  K  A  R  T  A  E  F  B  B  U  A  E  S
```

VISINA	PLANINA
ATLAS	SJEVER
GRAD	OCEAN
KONTINENT	REGIJA
ZEMLJA	RIJEKA
HEMISFERA	MORE
OTOK	JUG
ŠIRINA	ZAPAD
KARTA	SVIJET
MERIDIJAN	

97 - Pets

```
Đ  K  Y  P  Đ  A  H  P  O  I  Đ  D  R  E
K  O  O  H  H  A  W  A  U  L  Z  M  I  Š
O  R  V  R  E  P  H  P  R  H  U  Đ  B  A
Z  A  P  Z  N  H  R  I  H  M  Y  K  A  P
A  Z  J  B  I  J  Č  G  P  A  S  A  B  E
K  K  M  L  Z  I  A  A  E  Č  R  N  V  F
O  T  A  F  Y  Y  K  Č  P  K  S  D  W  U
Y  E  Č  I  L  Y  Y  R  A  A  J  Ž  E  S
T  Š  E  F  H  U  H  O  A  F  Z  E  C  J
V  E  T  E  R  I  N  A  R  V  C  F  A  Y
O  S  F  E  A  A  G  T  D  W  A  D  U  C
D  J  D  U  N  O  V  R  A  T  N  I  K  F
A  B  D  P  A  E  G  U  Š  T  E  R  E  T
L  S  G  V  S  E  W  R  H  A  E  T  D  S
```

MAČKA	GUŠTER
KANDŽE	MIŠ
OVRATNIK	PAPIGA
KRAVA	ŠAPE
PAS	ŠTENE
RIBA	ZEC
HRANA	REP
KOZA	KORNJAČA
HRČAK	VETERINAR
MAČE	VODA

98 - Nature

```
Ž  D  J  L  O  B  L  A  C  I  T  W  P  M
M  I  N  C  O  P  P  I  R  P  B  T  S  I
P  V  V  E  J  A  A  S  Š  M  S  R  V  R
Č  L  M  O  T  Z  Y  P  Ć  V  O  M  N  N
E  J  A  I  T  Z  E  O  R  Y  E  P  D  O
L  I  G  N  G  I  Z  K  N  E  T  S  I  P
E  V  L  L  I  W  N  O  G  B  I  K  N  U
E  H  A  J  P  N  L  J  T  I  Š  I  A  S
R  I  J  E  K  A  E  A  E  T  T  M  M  T
O  T  B  P  W  R  S  N  A  A  E  N  I  I
Z  F  D  O  B  K  Y  P  C  N  M  C  Č  N
I  I  Đ  T  K  T  Š  U  M  A  V  E  A  J
J  M  H  A  R  I  Z  D  I  K  T  B  N  A
A  H  N  G  U  K  L  E  D  E  N  J  A  K
```

ŽIVOTINJE	ŠUMA
ARKTIK	LEDENJAK
LJEPOTA	PLANINE
PČELE	MIRNO
OBLACI	RIJEKA
PUSTINJA	SVETIŠTE
DINAMIČAN	SPOKOJAN
EROZIJA	TROPSKI
MAGLA	BITAN
LIŠĆE	DIVLJI

99 - Championship

```
D  L  I  Đ  Z  G  Y  P  R  V  A  K  I  S
M  F  I  G  P  F  V  R  W  U  C  O  Z  U
Z  I  Z  G  R  Y  M  V  S  T  B  U  D  D
T  N  V  P  A  E  N  E  D  D  W  N  R  A
E  A  O  S  N  P  J  N  T  K  M  Đ  Ž  C
I  L  Đ  J  W  P  Đ  S  T  W  Z  Y  L  M
W  I  E  L  E  Đ  G  T  I  M  S  P  J  U
D  S  N  R  E  N  P  V  P  B  P  O  I  J
O  T  J  K  D  U  J  O  H  K  O  B  V  E
H  J  E  F  U  T  R  E  N  E  R  J  O  W
M  O  T  I  V  A  C  I  J  A  T  E  S  K
M  E  D  A  L  J  A  V  P  Z  S  D  T  G
D  T  U  R  N  I  R  V  G  N  K  A  S  F
P  S  Đ  S  T  R  A  T  E  G  I  J  A  B
```

PRVAK
PRVENSTVO
TRENER
IZDRŽLJIVOST
FINALIST
IGRE
SUDAC
LIGA
MEDALJA

MOTIVACIJA
IZVOĐENJE
ZNOJENJE
SPORTSKI
STRATEGIJA
TIM
TURNIR
POBJEDA

100 - Vacation #2

```
Z P W D O D M O R S P U U E
U R L Y L Z B K E T U J R J
L I A A J W V Z S R T P S J
F J Š Č N K A R T A O U P C
R E L A N I I Đ O N V T G B
R V L G T A N M R A A O W E
T O T O K O L E A C N V P W
A Z M V O F R U N E J N L B
K C O L W C O T K J E I A P
S T R A N I J G A A I C Ž L
I J E K H O T E L T N A A S
K A M P I R A N J E V I Z A
O D R E D I Š T E Đ P W D K
Y V I E H T B K E F E O Z L
```

ZRAČNA LUKA   KARTA
PLAŽA   PLANINE
KAMPIRANJE   PUTOVNICA
ODREDIŠTE   RESTORAN
STRANI   MORE
STRANAC   TAKSI
ODMOR   ŠATOR
HOTEL   VLAK
OTOK   PRIJEVOZ
PUTOVANJE   VIZA

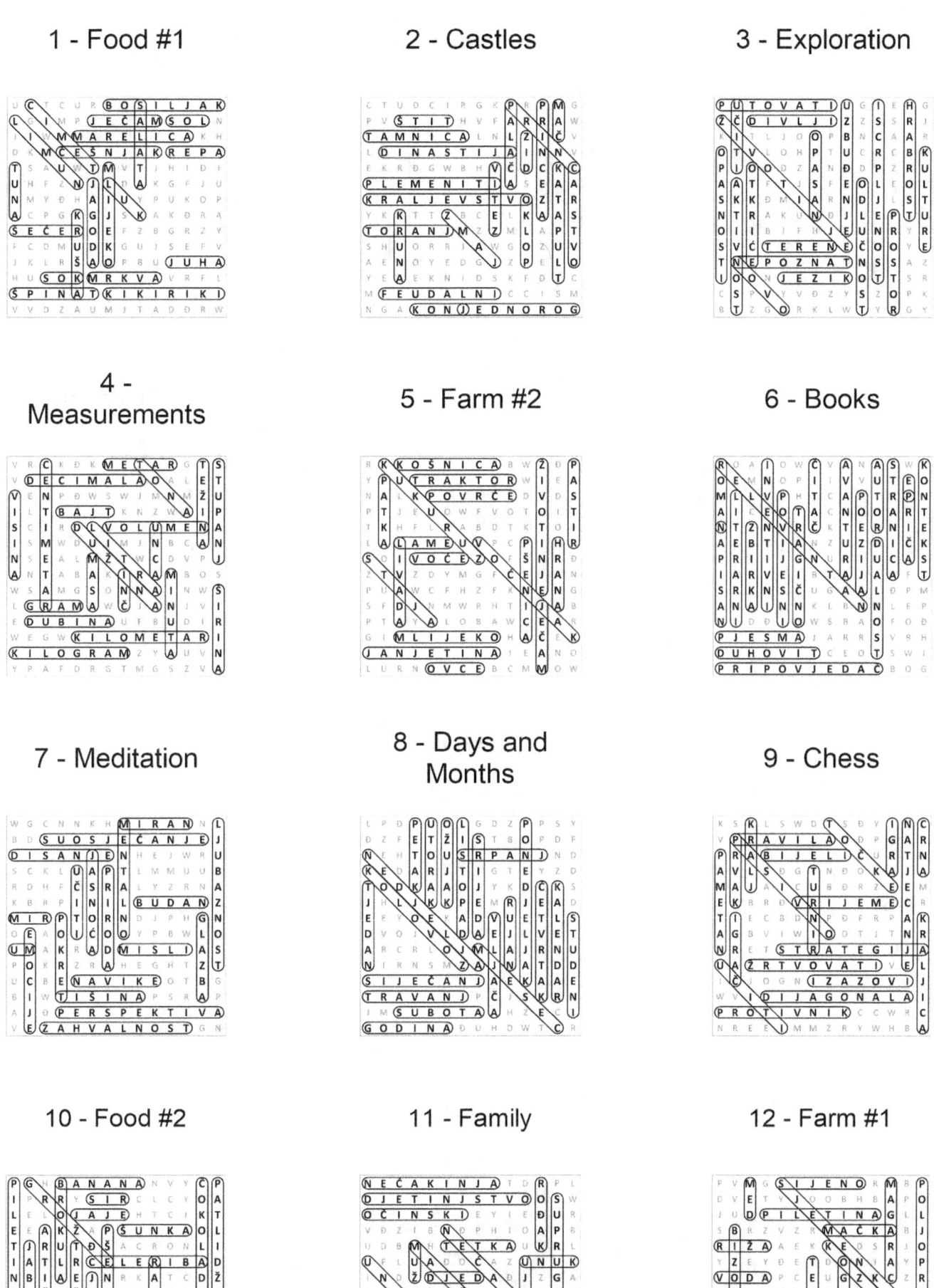

13 - Camping

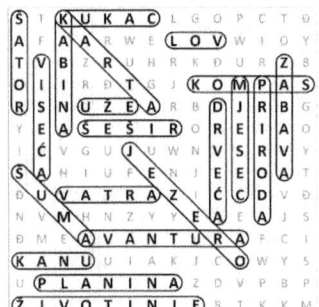

14 - Conservation

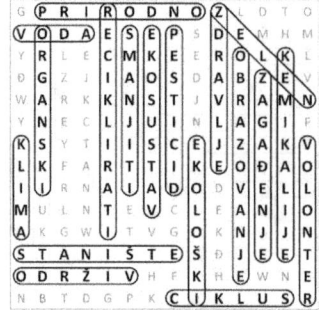

15 - Cats

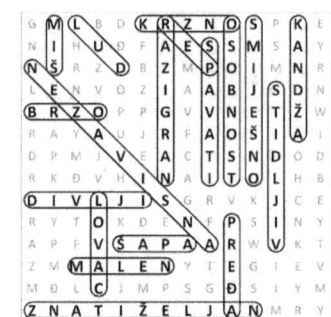

16 - Numbers

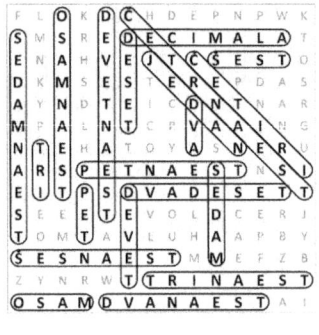

17 - Spices

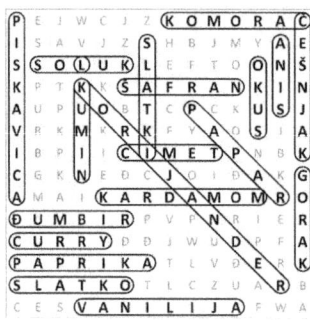

18 - Mammals

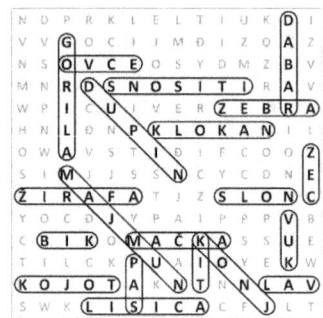

19 - Fishing

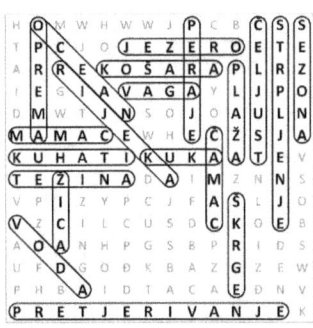

20 - Restaurant #1

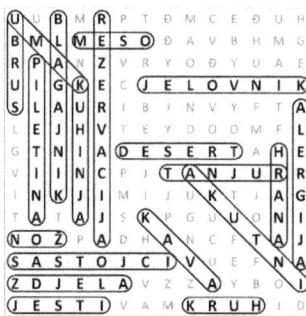

21 - Bees

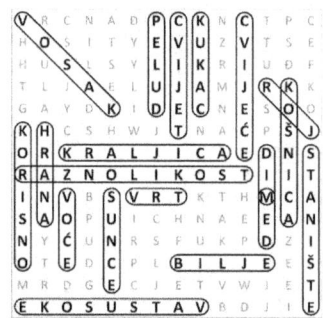

22 - Sports

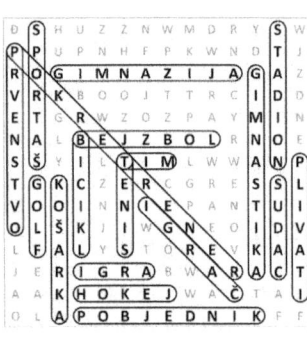

23 - Weather

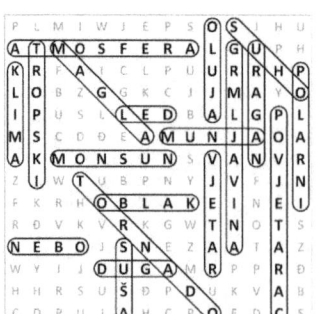

24 - Adventure

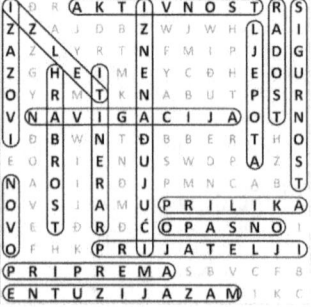

25 - Circus

26 - Tools

27 - Restaurant #2

28 - Geology

29 - House

30 - School #1

31 - Dance

32 - Colors

33 - Climbing

34 - Shapes

35 - Scientific Disciplines

36 - School #2

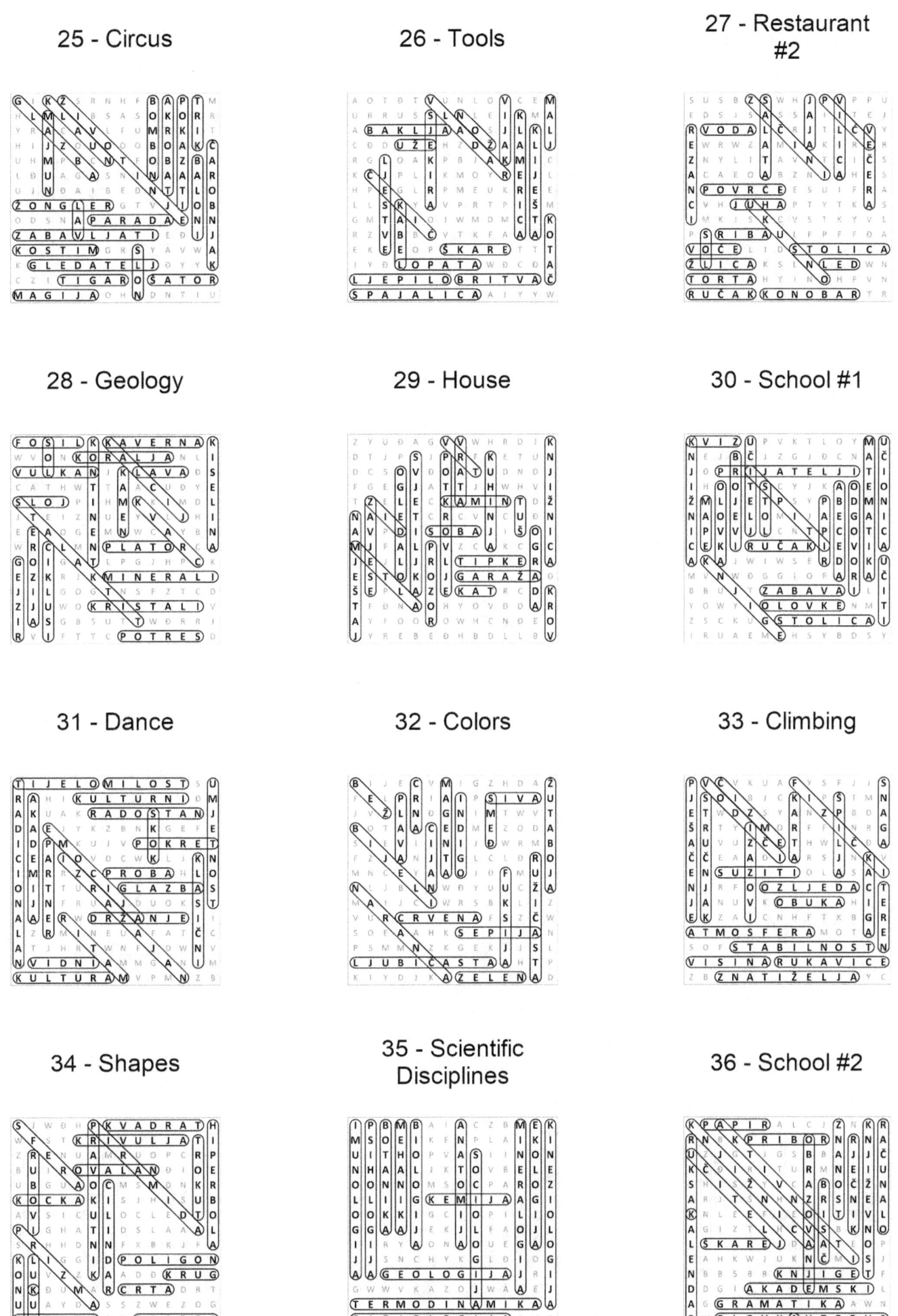

37 - Science

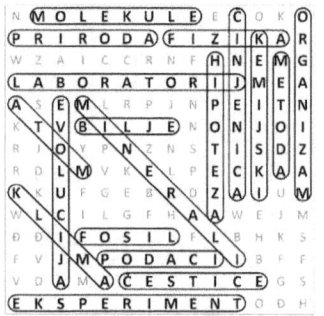

38 - To Fill

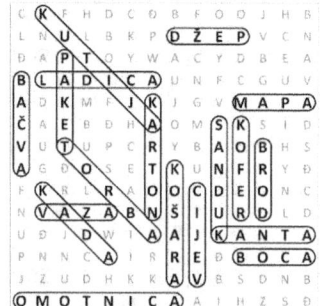

39 - Summer

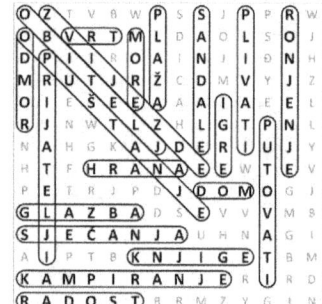

40 - Clothes

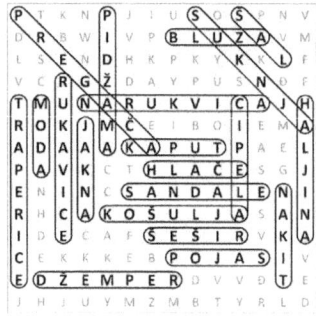

41 - Insects

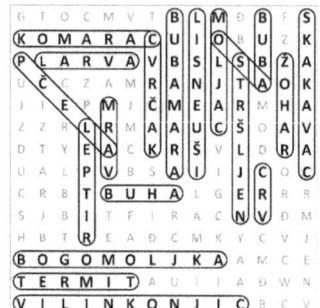

42 - Astronomy

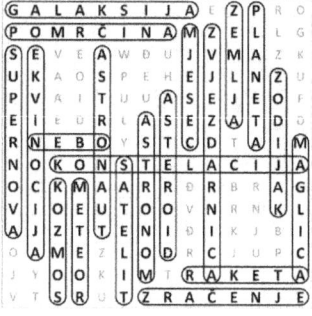

43 - Pirates

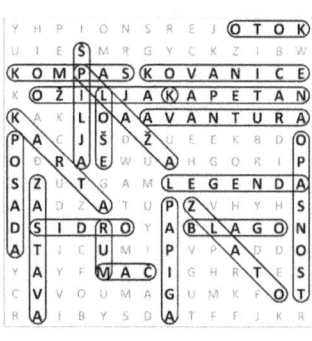

44 - Time

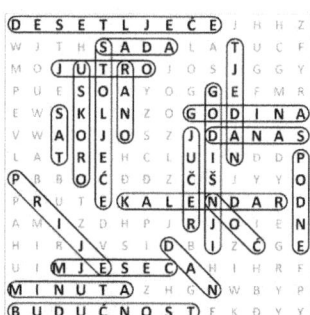

45 - Buildings

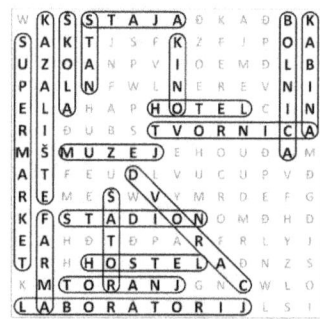

46 - Herbalism

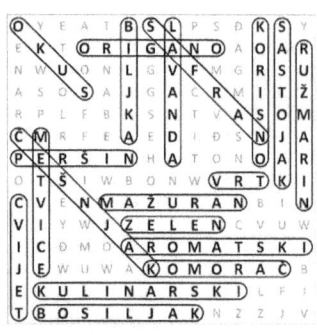

47 - Toys

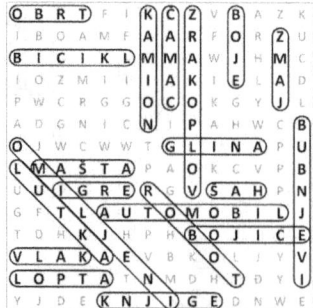

48 - Vehicles

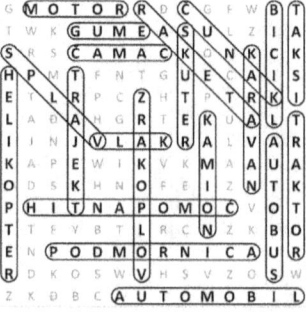

49 - Flowers

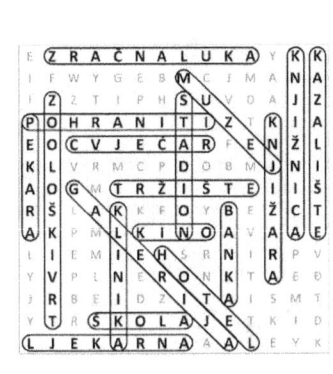

50 - Town

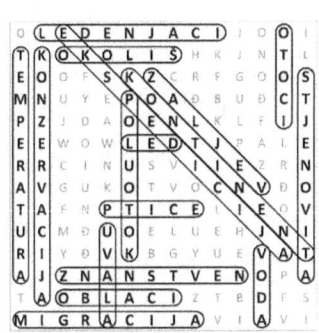

51 - Antarctica

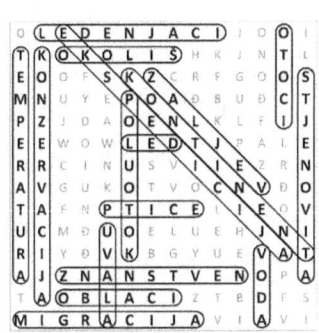

52 - Ballet

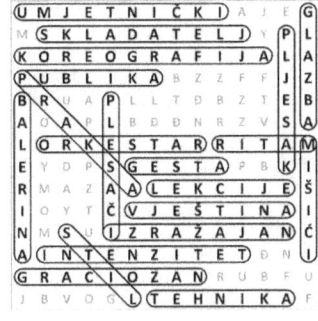

53 - Human Body

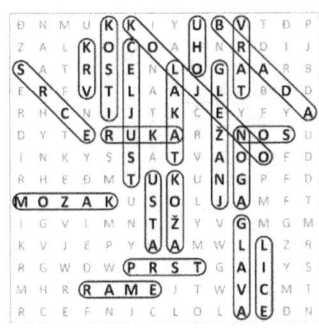

54 - Musical Instruments

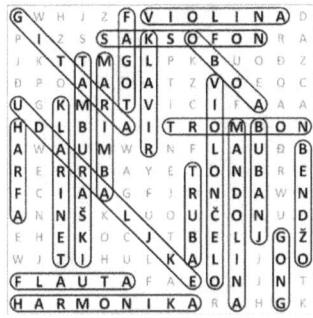

55 - Fruit

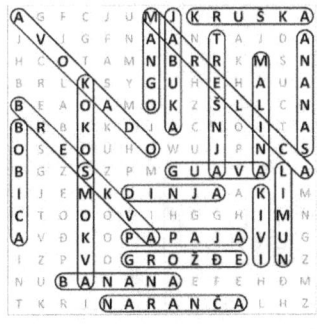

56 - Virtues #1

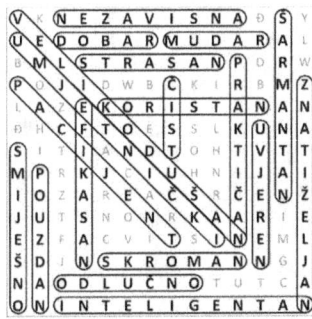

57 - Kitchen

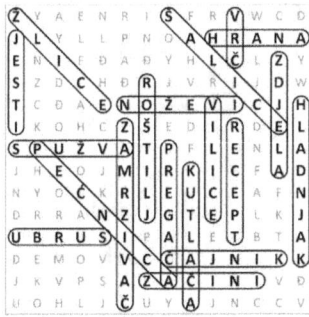

58 - Art Supplies

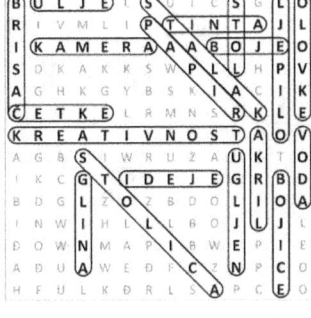

59 - Science Fiction

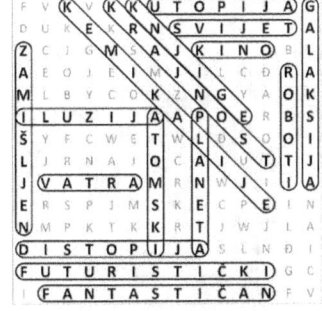

60 - Airplanes

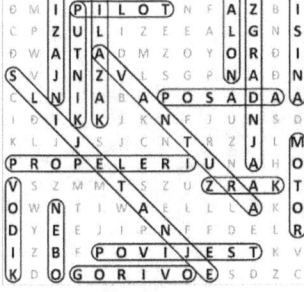

61 - Ocean

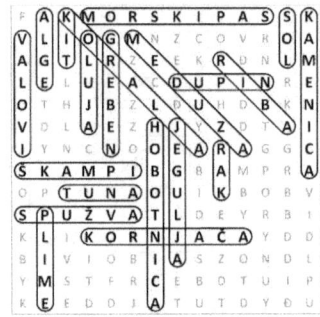

62 - Birds

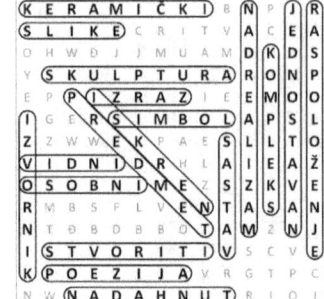

63 - Art

64 - Nutrition

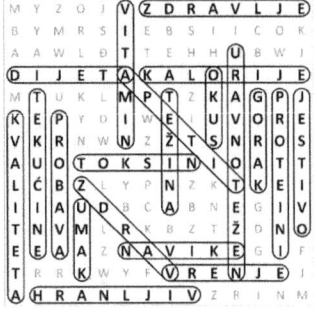

65 - Hiking

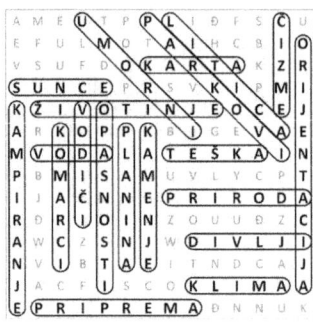

66 - Professions #1

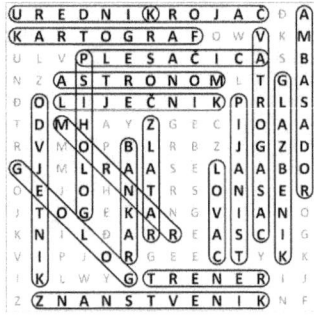

67 - Dinosaurs

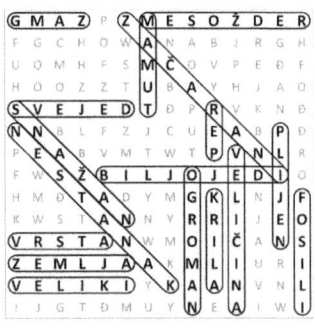

68 - Barbecues

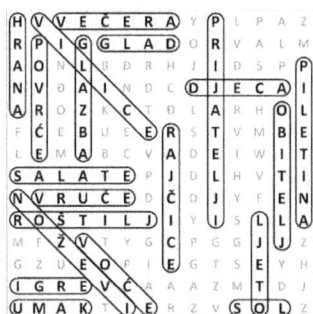

69 - Surfing

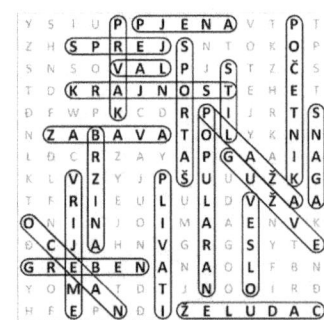

70 - Chocolate

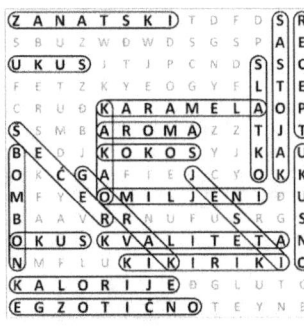

71 - Vegetables

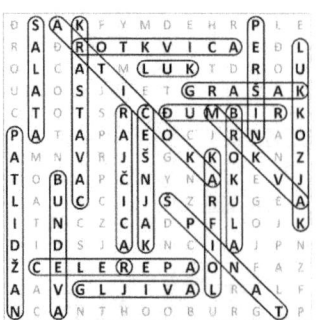

72 - Boats

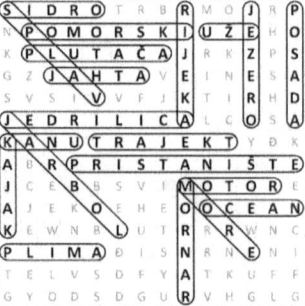

73 - Activities and Leisure

KAMPIRANJE, TENIS, ODBOJKA, VRTLARSTVO, BEJZBOL, PUTOVATI, NOGOMET, BOKS, SLIKANJE, PLIVANJE, KOŠARKA

74 - Driving

PLIN, OPASNOST, BRZINA, NESREĆA, MOTOR

75 - Professions #2

JEZIKOSLOVAC, SLIKAR, NOVINAR, FILOZOF, ZUBAR, PILOT, ASTRONAUT, DETEKTIV, LIJEČNIK, ISTRAŽIVAČ

76 - Emotions

TUGA, ZAHVALAN, LJUBAZNOST, OLAKŠANJE, IZNENAĐENJE, SADRŽAJ, NJEŽNOST, BIJES

77 - Mythology

GRMLJAVINA, RATNIK, BOŽANSTVA, LEGENDA, LJUBOMORA, PONAŠANJE, ARHETIP, BESMRTNOST, UVJERENJA

78 - Hair Types

SIVA, ĆELAV, ZDRAV, CRNA, KOVRČE, PLETENA, BIJELI, PLAVUŠA, KOVRČAVA, DUGO, KRATA

79 - Furniture

STOL, VISEĆA, TJEŠI, KREVET, FOTELJA, STEPIH, JASTUCI

80 - Garden

GRM, RIBNJAK, TRAMPOLIN, LOPATA, KLUPA, VISEĆA, DRVO, KOROV

81 - Birthday

PROSLAVA, KARTICE, MUDROST, PJESMA, POZIVNICE, SRETAN, KALENDAR, TORTA, SJAJNO, RADOSTAN

82 - Beach

MORE, SUNCE, ČAMAC, ODMOR, PIJESAK, JEDRILICA, LAGUNA, GREBEN, PLAVA

83 - Adjectives #1

EGZOTIČNO, TEŠKA, TANAK, AROMATSKI, KORISTAN, UMJETNIČKI

84 - Rainforest

KUKCI, DŽUNGLA, PTICE, VRSTA

85 - Technology

86 - Landscapes

87 - Visual Arts

88 - Plants

89 - Countries #2

90 - Ecology

91 - Adjectives #2

92 - Math

93 - Water

94 - Activities

95 - Literature

96 - Geography

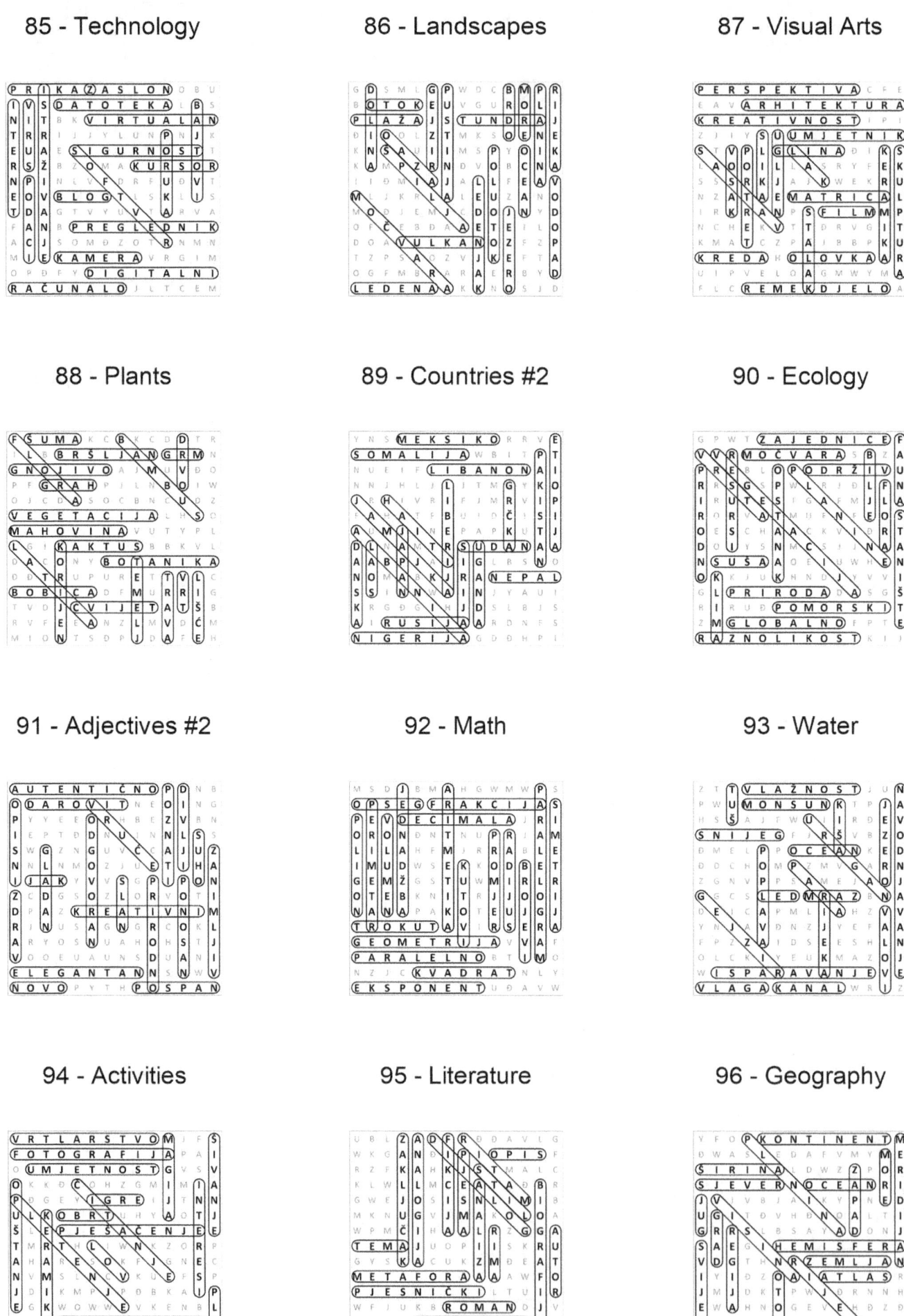

97 - Pets

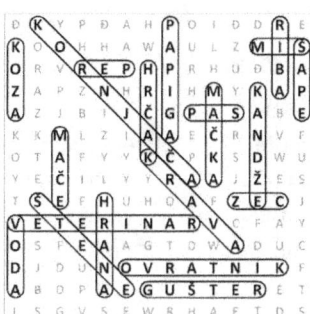

98 - Nature

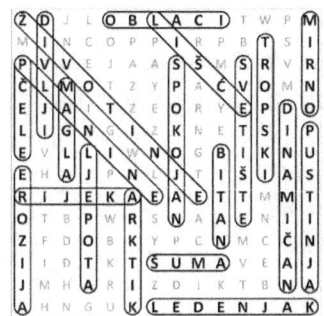

99 - Championship

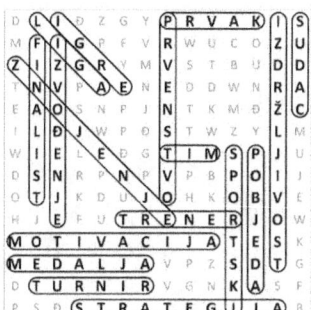

100 - Vacation #2

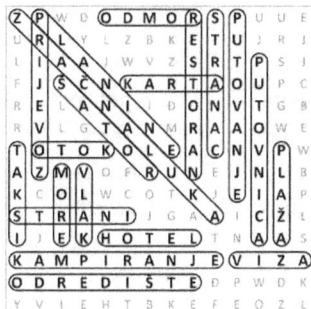

Dictionary

Activities
Aktivnosti

Activity	Aktivnost
Art	Umjetnost
Camping	Kampiranje
Ceramics	Keramika
Crafts	Obrt
Dancing	Ples
Fishing	Ribarstvo
Games	Igre
Gardening	Vrtlarstvo
Hiking	Pješačenje
Hunting	Lov
Interests	Interesi
Knitting	Pletenje
Magic	Magija
Photography	Fotografija
Pleasure	Zadovoljstvo
Reading	Čitanje
Relaxation	Opuštanje
Sewing	Šivanje
Skill	Vještina

Activities and Leisure
Zabava i Slobodno Vrijeme

Art	Umjetnost
Baseball	Bejzbol
Basketball	Košarka
Boxing	Boks
Camping	Kampiranje
Diving	Ronjenje
Fishing	Ribarstvo
Gardening	Vrtlarstvo
Golf	Golf
Hiking	Pješačenje
Hobbies	Hobiji
Painting	Slika
Relaxing	Opuštanje
Soccer	Nogomet
Surfing	Surfanje
Swimming	Plivanje
Tennis	Tenis
Travel	Putovati
Volleyball	Odbojka

Adjectives #1
Pridjevi № 1

Absolute	Apsolutan
Ambitious	Ambiciozan
Aromatic	Aromatski
Artistic	Umjetnički
Attractive	Atraktivan
Beautiful	Lijep
Dark	Mrak
Exotic	Egzotično
Generous	Velikodušan
Happy	Sretan
Heavy	Teška
Helpful	Koristan
Honest	Iskren
Identical	Identičan
Important	Važno
Modern	Moderan
Serious	Ozbiljan
Slow	Usporiti
Thin	Tanak
Valuable	Vrijedan

Adjectives #2
Pridjevi № 2

Authentic	Autentično
Creative	Kreativni
Descriptive	Opisni
Dry	Suho
Elegant	Elegantan
Famous	Poznati
Gifted	Darovit
Healthy	Zdrav
Hot	Vruće
Hungry	Gladan
Interesting	Zanimljiv
Natural	Prirodno
New	Novo
Productive	Produktivni
Proud	Ponosan
Responsible	Odgovoran
Salty	Slan
Sleepy	Pospan
Strong	Jak
Wild	Divlji

Adventure
Avantura

Activity	Aktivnost
Beauty	Ljepota
Bravery	Hrabrost
Challenges	Izazovi
Chance	Prilika
Dangerous	Opasno
Destination	Odredište
Difficulty	Teškoća
Enthusiasm	Entuzijazam
Excursion	Izlet
Friends	Prijatelji
Itinerary	Itinerar
Joy	Radost
Nature	Priroda
Navigation	Navigacija
New	Novo
Preparation	Priprema
Safety	Sigurnost
Surprising	Iznenađujući
Unusual	Neobično

Airplanes
Zrakoplovi

Adventure	Avantura
Air	Zrak
Atmosphere	Atmosfera
Balloon	Balon
Construction	Izgradnja
Crew	Posada
Descent	Silazak
Design	Dizajn
Direction	Smjer
Engine	Motor
Fuel	Gorivo
Height	Visina
History	Povijest
Hydrogen	Vodik
Landing	Slijetanje
Passenger	Putnik
Pilot	Pilot
Propellers	Propeleri
Sky	Nebo
Turbulence	Turbulencija

Antarctica
Antarktika

Bay	Zaljev
Birds	Ptice
Clouds	Oblaci
Conservation	Konzervacija
Continent	Kontinent
Cove	Uvala
Environment	Okoliš
Expedition	Ekspedicija
Geography	Geografija
Glaciers	Ledenjaci
Ice	Led
Islands	Otoci
Migration	Migracija
Peninsula	Poluotok
Researcher	Istraživač
Rocky	Stjenovita
Scientific	Znanstven
Temperature	Temperatura
Topography	Topografija
Water	Voda

Art
Umjetnost

Ceramic	Keramički
Complex	Kompleks
Composition	Sastav
Create	Stvoriti
Expression	Izraz
Honest	Iskren
Inspired	Nadahnut
Mood	Raspoloženje
Original	Izvornik
Paintings	Slike
Personal	Osobni
Poetry	Poezija
Sculpture	Skulptura
Simple	Jednostavan
Subject	Predmet
Surrealism	Nadrealizam
Symbol	Simbol
Visual	Vidni

Art Supplies
Umjetnički Pribor

Acrylic	Akril
Brushes	Četke
Camera	Kamera
Chair	Stolica
Charcoal	Ugljen
Clay	Glina
Colors	Boje
Crayons	Bojice
Creativity	Kreativnost
Easel	Stalak
Eraser	Brisač
Glue	Ljepilo
Ideas	Ideje
Ink	Tinta
Oil	Ulje
Paper	Papir
Pencils	Olovke
Table	Stol
Water	Voda

Astronomy
Astronomija

Asteroid	Asteroid
Astronaut	Astronaut
Astronomer	Astronom
Constellation	Konstelacija
Cosmos	Kozmos
Earth	Zemlja
Eclipse	Pomrčina
Equinox	Ekvinocija
Galaxy	Galaksija
Meteor	Meteor
Moon	Mjesec
Nebula	Maglica
Observatory	Zvjezdarnica
Planet	Planeta
Radiation	Zračenje
Rocket	Raketa
Satellite	Satelit
Sky	Nebo
Supernova	Supernova
Zodiac	Zodijak

Ballet
Balet

Applause	Pljesak
Artistic	Umjetnički
Audience	Publika
Ballerina	Balerina
Choreography	Koreografija
Composer	Skladatelj
Dancers	Plesači
Expressive	Izražajan
Gesture	Gesta
Graceful	Graciozan
Intensity	Intenzitet
Lessons	Lekcije
Muscles	Mišići
Music	Glazba
Orchestra	Orkestar
Practice	Praksa
Rhythm	Ritam
Skill	Vještina
Style	Stil
Technique	Tehnika

Barbecues
Roštilji

Chicken	Piletina
Children	Djeca
Dinner	Večera
Family	Obitelj
Food	Hrana
Forks	Vilice
Friends	Prijatelji
Fruit	Voće
Games	Igre
Grill	Roštilj
Hot	Vruće
Hunger	Glad
Knives	Noževi
Music	Glazba
Salads	Salate
Salt	Sol
Sauce	Umak
Summer	Ljeto
Tomatoes	Rajčice
Vegetables	Povrće

Beach
Plaža

Blue	Plava
Boat	Čamac
Coast	Obala
Crab	Rak
Dock	Pristanište
Island	Otok
Lagoon	Laguna
Ocean	Ocean
Reef	Greben
Sailboat	Jedrilica
Sand	Pijesak
Sandals	Sandale
Sea	More
Shells	Školjke
Sun	Sunce
To Swim	Plivati
Towel	Ručnik
Umbrella	Kišobran
Vacation	Odmor

Bees
Pčele

Beneficial	Korisno
Blossom	Cvijet
Diversity	Raznolikost
Ecosystem	Ekosustav
Flowers	Cvijeće
Food	Hrana
Fruit	Voće
Garden	Vrt
Habitat	Stanište
Hive	Košnica
Honey	Med
Insect	Kukac
Plants	Bilje
Pollen	Pelud
Pollinator	Oprašivač
Queen	Kraljica
Smoke	Dim
Sun	Sunce
Swarm	Roj
Wax	Vosak

Birds
Ptice

Canary	Kanarinac
Chicken	Piletina
Crow	Vrana
Cuckoo	Kukavica
Duck	Patka
Eagle	Orao
Egg	Jaje
Flamingo	Flamingo
Goose	Guska
Gull	Galeb
Heron	Čaplja
Ostrich	Noj
Parrot	Papiga
Peacock	Paun
Pelican	Pelikan
Penguin	Pingvin
Sparrow	Vrabac
Stork	Roda
Swan	Labud
Toucan	Toucan

Birthday
Rođendan

Born	Rođen
Cake	Torta
Calendar	Kalendar
Candles	Svijeće
Cards	Kartice
Celebration	Proslava
Day	Dan
Fun	Zabava
Gift	Dar
Great	Sjajno
Happy	Sretan
Invitations	Pozivnice
Joyful	Radostan
Song	Pjesma
Special	Poseban
Time	Vrijeme
To Learn	Učiti
Wisdom	Mudrost
Year	Godina
Young	Mladi

Boats
Brodovi

Anchor	Sidro
Buoy	Plutača
Canoe	Kanu
Crew	Posada
Dock	Pristanište
Engine	Motor
Ferry	Trajekt
Kayak	Kajak
Lake	Jezero
Mast	Jarbol
Nautical	Pomorski
Ocean	Ocean
Raft	Splav
River	Rijeka
Rope	Uže
Sailboat	Jedrilica
Sailor	Mornar
Sea	More
Tide	Plima
Yacht	Jahta

Books
Knjige

Adventure	Avantura
Author	Autor
Collection	Zbirka
Context	Kontekst
Duality	Dualnost
Epic	Ep
Historical	Povijesni
Humorous	Duhovit
Inventive	Inventivni
Literary	Literarni
Narrator	Pripovjedač
Novel	Roman
Page	Stranica
Poem	Pjesma
Poetry	Poezija
Reader	Čitač
Relevant	Relevantan
Story	Priča
Tragic	Tragično
Written	Napisan

Buildings
Građevine

Apartment	Stan
Barn	Staja
Cabin	Kabina
Castle	Dvorac
Cinema	Kino
Factory	Tvornica
Farm	Farma
Hospital	Bolnica
Hostel	Hostel
Hotel	Hotel
Laboratory	Laboratorij
Museum	Muzej
Observatory	Zvjezdarnica
School	Škola
Stadium	Stadion
Supermarket	Supermarket
Tent	Šator
Theater	Kazalište
Tower	Toranj
University	Sveučilište

Camping
Kampiranje

Adventure	Avantura
Animals	Životinje
Cabin	Kabina
Canoe	Kanu
Compass	Kompas
Fire	Vatra
Forest	Šuma
Fun	Zabava
Hammock	Viseća
Hat	Šešir
Hunting	Lov
Insect	Kukac
Lake	Jezero
Map	Karta
Moon	Mjesec
Mountain	Planina
Nature	Priroda
Rope	Uže
Tent	Šator
Trees	Drveća

Castles
Dvorci

Armor	Oklop
Catapult	Katapult
Crown	Kruna
Dragon	Zmaj
Dungeon	Tamnica
Dynasty	Dinastija
Empire	Carstvo
Feudal	Feudalni
Horse	Konj
Kingdom	Kraljevstvo
Knight	Vitez
Noble	Plemeniti
Palace	Palača
Prince	Princ
Princess	Princeza
Shield	Štit
Sword	Mač
Tower	Toranj
Unicorn	Jednorog
Wall	Zid

Cats
Mačke

Claw	Kandža
Crazy	Lud
Curious	Znatiželjan
Fast	Brzo
Funny	Smiješno
Fur	Krzno
Hunter	Lovac
Independent	Nezavisna
Little	Malen
Mouse	Miš
Paw	Šapa
Personality	Osobnost
Playful	Razigran
Shy	Stidljiv
Sleep	Spavati
Tail	Rep
Wild	Divlji
Yarn	Pređa

Championship
Prvenstvo

Champion	Prvak
Championship	Prvenstvo
Coach	Trener
Endurance	Izdržljivost
Finalist	Finalist
Games	Igre
Judge	Sudac
League	Liga
Medal	Medalja
Motivation	Motivacija
Performance	Izvođenje
Perspiration	Znojenje
Sports	Sportski
Strategy	Strategija
Team	Tim
Tournament	Turnir
Victory	Pobjeda

Chess
Šah

Black	Crna
Challenges	Izazovi
Champion	Prvak
Clever	Pametan
Contest	Natjecanje
Diagonal	Dijagonala
Game	Igra
King	Kralj
Opponent	Protivnik
Passive	Pasivno
Player	Igrač
Points	Točke
Queen	Kraljica
Rules	Pravila
Sacrifice	Žrtvovati
Strategy	Strategija
Time	Vrijeme
To Learn	Učiti
Tournament	Turnir
White	Bijeli

Chocolate
Čokolada

Aroma	Aroma
Artisanal	Zanatski
Bitter	Gorak
Cacao	Kakao
Calories	Kalorije
Candy	Bombon
Caramel	Karamela
Coconut	Kokos
Delicious	Ukusno
Exotic	Egzotično
Favorite	Omiljeni
Flavor	Okus
Ingredient	Sastojak
Peanuts	Kikiriki
Quality	Kvaliteta
Recipe	Recept
Sugar	Šećer
Sweet	Slatko
Taste	Ukus
To Eat	Jesti

Circus
Cirkus

Acrobat	Akrobat
Animals	Životinje
Balloons	Baloni
Candy	Bombon
Clown	Klaun
Costume	Kostim
Elephant	Slon
Entertain	Zabavljati
Juggler	Žongler
Lion	Lav
Magic	Magija
Magician	Čarobnjak
Monkey	Majmun
Music	Glazba
Parade	Parada
Show	Pokazati
Spectator	Gledatelj
Tent	Šator
Tiger	Tigar
Trick	Trik

Climbing
Penjanje po Stijenama

Altitude	Visina
Atmosphere	Atmosfera
Boots	Čizme
Cave	Špilja
Challenges	Izazovi
Curiosity	Znatiželja
Expert	Stručnjak
Gloves	Rukavice
Guides	Vodiči
Helmet	Kaciga
Hiking	Pješačenje
Injury	Ozljeda
Map	Karta
Narrow	Suziti
Physical	Fizički
Stability	Stabilnost
Strength	Snaga
Terrain	Teren
Training	Obuka

Clothes
Odjeća

Apron	Pregača
Belt	Pojas
Blouse	Bluza
Bracelet	Narukvica
Coat	Kaput
Dress	Haljina
Fashion	Moda
Gloves	Rukavice
Hat	Šešir
Jacket	Jakna
Jeans	Traperice
Jewelry	Nakit
Pajamas	Pidžama
Pants	Hlače
Sandals	Sandale
Scarf	Šal
Shirt	Košulja
Shoe	Cipela
Skirt	Suknja
Sweater	Džemper

Colors
Boje

Beige	Bež
Black	Crna
Blue	Plava
Brown	Smeđ
Cyan	Cijan
Fuchsia	Fuksija
Green	Zelen
Grey	Siva
Indigo	Indigo
Magenta	Magenta
Orange	Naranča
Pink	Ružičasta
Purple	Ljubičasta
Red	Crvena
Sepia	Sepija
White	Bijeli
Yellow	Žuta Boja

Conservation
Konzervacija

Chemicals	Kemikalije
Climate	Klima
Cycle	Ciklus
Ecosystem	Ekosustav
Education	Obrazovanje
Environmental	Ekološki
Green	Zelen
Habitat	Stanište
Health	Zdravlje
Natural	Prirodno
Organic	Organski
Pesticide	Pesticid
Pollution	Zagađenje
Recycle	Reciklirati
Reduce	Smanjiti
Sustainable	Održiv
Volunteer	Volonter
Water	Voda

Countries #2
Zemlje № 2

Albania	Albanija
Denmark	Danska
Ethiopia	Etiopija
Greece	Grčka
Haiti	Haiti
Jamaica	Jamajka
Japan	Japan
Laos	Laos
Lebanon	Libanon
Liberia	Liberija
Mexico	Meksiko
Nepal	Nepal
Nigeria	Nigerija
Pakistan	Pakistan
Russia	Rusija
Somalia	Somalija
Sudan	Sudan
Syria	Sirija
Uganda	Uganda
Ukraine	Ukrajina

Dance
Ples

Academy	Akademija
Art	Umjetnost
Body	Tijelo
Choreography	Koreografija
Classical	Klasični
Cultural	Kulturni
Culture	Kultura
Emotion	Emocija
Expressive	Izražajan
Grace	Milost
Joyful	Radostan
Jump	Skok
Movement	Pokret
Music	Glazba
Partner	Partner
Posture	Držanje
Rehearsal	Proba
Rhythm	Ritam
Traditional	Tradicionalan
Visual	Vidni

Days and Months
Dani i Mjeseci

April	Travanj
August	Kolovoz
Calendar	Kalendar
February	Veljača
Friday	Petak
January	Siječanj
July	Srpanj
March	Ožujak
Monday	Ponedjeljak
Month	Mjesec
November	Studeni
October	Listopad
Saturday	Subota
September	Rujan
Sunday	Nedjelja
Thursday	Četvrtak
Tuesday	Utorak
Wednesday	Srijeda
Week	Tjedan
Year	Godina

Dinosaurs
Dinosauri

Carnivore	Mesožder
Disappearance	Nestanak
Earth	Zemlja
Enormous	Ogroman
Evolution	Evolucija
Fossils	Fosili
Herbivore	Biljojedi
Large	Veliki
Mammoth	Mamut
Omnivore	Svejed
Powerful	Snažan
Prehistoric	Prapovijesni
Prey	Plijen
Reptile	Gmaz
Size	Veličina
Species	Vrsta
Tail	Rep
Vicious	Začarani
Wings	Krila

Driving
Vožnja

Accident	Nesreća
Brakes	Kočnice
Car	Automobil
Danger	Opasnost
Driver	Vozač
Fuel	Gorivo
Garage	Garaža
Gas	Plin
License	Licenca
Map	Karta
Motor	Motor
Motorcycle	Motocikl
Pedestrian	Pješak
Police	Policija
Road	Cesta
Safety	Sigurnost
Speed	Brzina
Traffic	Promet
Truck	Kamion
Tunnel	Tunel

Ecology
Ekologija

Climate	Klima
Communities	Zajednice
Diversity	Raznolikost
Drought	Suša
Fauna	Fauna
Flora	Flora
Global	Globalno
Habitat	Stanište
Marine	Pomorski
Marsh	Močvara
Mountains	Planine
Natural	Prirodno
Nature	Priroda
Plants	Bilje
Resources	Resursi
Species	Vrsta
Survival	Opstanak
Sustainable	Održiv
Vegetation	Vegetacija
Volunteers	Volonteri

Emotions
Emocije

Anger	Bijes
Bliss	Blaženstvo
Boredom	Dosada
Calm	Miran
Content	Sadržaj
Embarrassed	Neugodno
Excited	Uzbuđen
Fear	Strah
Grateful	Zahvalan
Joy	Radost
Kindness	Ljubaznost
Love	Ljubav
Peace	Mir
Relief	Olakšanje
Sadness	Tuga
Satisfied	Zadovoljan
Surprise	Iznenađenje
Sympathy	Simpatija
Tenderness	Nježnost

Exploration
Istraživanje

Activity	Aktivnost
Animals	Životinje
Courage	Hrabrost
Cultures	Kulture
Determination	Odlučnost
Discovery	Otkriće
Excitement	Uzbuđenje
Exhaustion	Iscrpljenost
Hazards	Opasnosti
Language	Jezik
New	Novo
Perilous	Opasan
Space	Prostor
Terrain	Teren
To Learn	Učiti
Travel	Putovati
Unknown	Nepoznat
Wild	Divlji

Family
Obitelj

Ancestor	Predak
Aunt	Tetka
Brother	Brat
Child	Dijete
Childhood	Djetinjstvo
Children	Djeca
Cousin	Rođak
Daughter	Kći
Grandchild	Unuče
Grandfather	Djed
Grandson	Unuk
Husband	Muž
Maternal	Majčinski
Mother	Majka
Nephew	Nećak
Niece	Nećakinja
Paternal	Očinski
Sister	Sestra
Uncle	Ujak
Wife	Supruga

Farm #1
Farma Broj 1

Agriculture	Poljoprivreda
Bee	Pčela
Bison	Bizon
Calf	Tele
Cat	Mačka
Chicken	Piletina
Cow	Krava
Crow	Vrana
Dog	Pas
Donkey	Magarac
Fence	Ograda
Fertilizer	Gnojivo
Field	Polje
Goat	Koza
Hay	Sijeno
Honey	Med
Horse	Konj
Rice	Riža
Seeds	Sjemenke
Water	Voda

Farm #2
Farma № 2

Animals	Životinje
Barley	Ječam
Barn	Staja
Beehive	Košnica
Corn	Kukuruz
Duck	Patka
Food	Hrana
Fruit	Voće
Irrigation	Navodnjavanje
Lamb	Janjetina
Llama	Lame
Meadow	Livada
Milk	Mlijeko
Orchard	Voćnjak
Sheep	Ovce
Shepherd	Pastir
Tractor	Traktor
Vegetable	Povrće
Wheat	Pšenica
Windmill	Vjetrenjača

Fishing
Ribarstvo

Bait	Mamac
Basket	Košara
Beach	Plaža
Boat	Čamac
Cook	Kuhati
Equipment	Oprema
Exaggeration	Pretjerivanje
Fins	Peraje
Gills	Škrge
Hook	Kuka
Jaw	Čeljust
Lake	Jezero
Ocean	Ocean
Patience	Strpljenje
River	Rijeka
Scales	Vaga
Season	Sezona
Water	Voda
Weight	Težina
Wire	Žica

Flowers
Cvijeće

Bouquet	Buket
Clover	Djetelina
Daffodil	Narcis
Daisy	Tratinčica
Dandelion	Maslačak
Gardenia	Gardenija
Hibiscus	Hibiskus
Jasmine	Jasmin
Lavender	Lavanda
Lilac	Lila
Lily	Ljiljan
Magnolia	Magnolija
Orchid	Orhideja
Peony	Božur
Petal	Latica
Plumeria	Plumerija
Poppy	Mak
Rose	Ruža
Sunflower	Suncokret
Tulip	Tulipan

Food #1
Hrana # 1

Apricot	Marelica
Barley	Ječam
Basil	Bosiljak
Carrot	Mrkva
Cinnamon	Cimet
Garlic	Češnjak
Juice	Sok
Lemon	Limun
Milk	Mlijeko
Onion	Luk
Peanut	Kikiriki
Pear	Kruška
Salad	Salata
Salt	Sol
Soup	Juha
Spinach	Špinat
Strawberry	Jagoda
Sugar	Šećer
Tuna	Tuna
Turnip	Repa

Food #2
Hrana # 2

Apple	Jabuka
Artichoke	Artičoka
Banana	Banana
Broccoli	Brokula
Celery	Celer
Cheese	Sir
Cherry	Trešnja
Chicken	Piletina
Chocolate	Čokolada
Egg	Jaje
Eggplant	Patlidžan
Fish	Riba
Grape	Grožđe
Ham	Šunka
Kiwi	Kivi
Mushroom	Gljiva
Rice	Riža
Tomato	Rajčica
Wheat	Pšenica
Yogurt	Jogurt

Fruit
Voće

Apple	Jabuka
Apricot	Marelica
Avocado	Avokado
Banana	Banana
Berry	Bobica
Cherry	Trešnja
Coconut	Kokos
Fig	Smokva
Grape	Grožđe
Guava	Guava
Kiwi	Kivi
Lemon	Limun
Mango	Mango
Melon	Dinja
Orange	Naranča
Papaya	Papaja
Peach	Breskva
Pear	Kruška
Pineapple	Ananas
Raspberry	Malina

Furniture
Namještaj

Armchair	Fotelja
Armoire	Ormar
Bed	Krevet
Bench	Klupa
Chair	Stolica
Comforters	Tješi
Couch	Kauč
Curtains	Zavjese
Cushions	Jastuci
Desk	Stol
Futon	Futon
Hammock	Viseća
Lamp	Svjetiljka
Mattress	Madrac
Mirror	Ogledalo
Pillow	Jastuk
Rug	Tepih
Shelves	Police

Garden
Vrt

Bench	Klupa
Bush	Grm
Fence	Ograda
Flower	Cvijet
Garage	Garaža
Garden	Vrt
Grass	Trava
Hammock	Viseća
Hose	Crijevo
Lawn	Travnjak
Orchard	Voćnjak
Pond	Ribnjak
Porch	Trijem
Rake	Grablje
Shovel	Lopata
Terrace	Terasa
Trampoline	Trampolin
Tree	Drvo
Vine	Loza
Weeds	Korov

Geography
Geografija

Altitude	Visina
Atlas	Atlas
City	Grad
Continent	Kontinent
Country	Zemlja
Hemisphere	Hemisfera
Island	Otok
Latitude	Širina
Map	Karta
Meridian	Meridijan
Mountain	Planina
North	Sjever
Ocean	Ocean
Region	Regija
River	Rijeka
Sea	More
South	Jug
Territory	Područje
West	Zapad
World	Svijet

Geology
Geologija

Acid	Kiselina
Calcium	Kalcij
Cavern	Kaverna
Continent	Kontinent
Coral	Koralja
Crystals	Kristali
Cycles	Ciklusi
Earthquake	Potres
Erosion	Erozija
Fossil	Fosil
Geyser	Gejzir
Lava	Lava
Layer	Sloj
Minerals	Minerali
Plateau	Plato
Quartz	Kvarc
Salt	Sol
Stalactite	Stalaktit
Stone	Kamen
Volcano	Vulkan

Hair Types
Vrste Kose

Bald	Ćelav
Black	Crna
Blond	Plavuša
Braided	Pletena
Braids	Pletenice
Brown	Smeđ
Curls	Kovrče
Curly	Kovrčava
Dry	Suho
Gray	Siva
Healthy	Zdrav
Long	Dugo
Shiny	Sjajan
Short	Kratak
Silver	Srebro
Soft	Mekan
Thick	Debeo
Thin	Tanak
Wavy	Valovita
White	Bijeli

Herbalism
Herbalizam

Aromatic	Aromatski
Basil	Bosiljak
Beneficial	Korisno
Culinary	Kulinarski
Fennel	Komorač
Flavor	Okus
Flower	Cvijet
Garden	Vrt
Garlic	Češnjak
Green	Zelen
Ingredient	Sastojak
Lavender	Lavanda
Marjoram	Mažuran
Mint	Metvice
Oregano	Origano
Parsley	Peršin
Plant	Biljka
Rosemary	Ružmarin
Saffron	Šafran
Tarragon	Dragulj

Hiking
Planinarenje

Animals	Životinje
Boots	Čizme
Camping	Kampiranje
Cliff	Litica
Climate	Klima
Guides	Vodiči
Hazards	Opasnosti
Heavy	Teška
Map	Karta
Mosquitoes	Komarci
Mountain	Planina
Nature	Priroda
Orientation	Orijentacija
Parks	Parkovi
Preparation	Priprema
Stones	Kamenje
Sun	Sunce
Tired	Umorni
Water	Voda
Wild	Divlji

House
Kuća

Attic	Potkrovlje
Broom	Metla
Curtains	Zavjese
Door	Vrata
Fence	Ograda
Fireplace	Kamin
Floor	Kat
Furniture	Namještaj
Garage	Garaža
Garden	Vrt
Keys	Tipke
Kitchen	Kuhinja
Lamp	Svjetiljka
Library	Knjižnica
Mirror	Ogledalo
Roof	Krov
Room	Soba
Shower	Tuš
Wall	Zid
Window	Prozor

Human Body
Ljudsko Tijelo

Ankle	Gležanj
Blood	Krv
Bones	Kosti
Brain	Mozak
Chin	Brada
Ear	Uho
Elbow	Lakat
Face	Lice
Finger	Prst
Hand	Ruka
Head	Glava
Heart	Srce
Jaw	Čeljust
Knee	Koljeno
Leg	Noga
Mouth	Usta
Neck	Vrat
Nose	Nos
Shoulder	Rame
Skin	Koža

Insects
Insekti

Ant	Mrav
Aphid	Lisne Uši
Bee	Pčela
Beetle	Buba
Butterfly	Leptir
Cicada	Cvrčak
Cockroach	Žohar
Dragonfly	Vilin Konjic
Flea	Buha
Grasshopper	Skakavac
Hornet	Stršljen
Ladybug	Bubamara
Larva	Larva
Mantis	Bogomoljka
Mosquito	Komarac
Moth	Moljac
Termite	Termit
Wasp	Osa
Worm	Crv

Kitchen
Kuhinja

Apron	Pregača
Bowl	Zdjela
Cups	Šalice
Food	Hrana
Forks	Vilice
Freezer	Zamrzivač
Grill	Roštilj
Jug	Vrč
Kettle	Čajnik
Knives	Noževi
Ladle	Kutlača
Napkin	Ubrus
Oven	Pećnica
Recipe	Recept
Refrigerator	Hladnjak
Spices	Začini
Sponge	Spužva
Spoons	Žlice
To Eat	Jesti

Landscapes
Krajolici

Beach	Plaža
Cave	Špilja
Desert	Pustinja
Geyser	Gejzir
Glacier	Ledenjak
Hill	Brdo
Iceberg	Ledena
Island	Otok
Lake	Jezero
Mountain	Planina
Oasis	Oaza
Ocean	Ocean
Peninsula	Poluotok
River	Rijeka
Sea	More
Swamp	Močvara
Tundra	Tundra
Valley	Dolina
Volcano	Vulkan
Waterfall	Vodopad

Literature
Književnost

Analogy	Analogija
Analysis	Analiza
Anecdote	Anegdota
Author	Autor
Biography	Biografija
Comparison	Usporedba
Conclusion	Zaključak
Description	Opis
Dialogue	Dijalog
Fiction	Fikcija
Metaphor	Metafora
Narrator	Pripovjedač
Novel	Roman
Poem	Pjesma
Poetic	Pjesnički
Rhyme	Rima
Rhythm	Ritam
Style	Stil
Theme	Tema
Tragedy	Tragedija

Mammals
Sisavci

Bear	Snositi
Beaver	Dabar
Bull	Bik
Cat	Mačka
Coyote	Kojot
Dog	Pas
Dolphin	Dupin
Elephant	Slon
Fox	Lisica
Giraffe	Žirafa
Gorilla	Gorila
Horse	Konj
Kangaroo	Klokan
Lion	Lav
Monkey	Majmun
Rabbit	Zec
Sheep	Ovce
Whale	Kit
Wolf	Vuk
Zebra	Zebra

Math
Matematika

Angles	Kutovi
Arithmetic	Aritmetika
Circumference	Opseg
Decimal	Decimala
Diameter	Promjer
Equation	Jednadžba
Exponent	Eksponent
Fraction	Frakcija
Geometry	Geometrija
Numbers	Brojevi
Parallel	Paralelno
Parallelogram	Paralelogram
Perimeter	Perimetar
Polygon	Poligon
Radius	Radijus
Rectangle	Pravokutnik
Square	Kvadrat
Symmetry	Simetrija
Triangle	Trokut
Volume	Volumen

Measurements
Mjerenja

Byte	Bajt
Centimeter	Centimetar
Decimal	Decimala
Degree	Stupanj
Depth	Dubina
Gram	Gram
Height	Visina
Inch	Inč
Kilogram	Kilogram
Kilometer	Kilometar
Length	Dužina
Liter	Litra
Mass	Masa
Meter	Metar
Minute	Minuta
Ounce	Unca
Ton	Tona
Volume	Volumen
Weight	Težina
Width	Širina

Meditation
Meditacija

Acceptance	Prihvaćanje
Awake	Budan
Breathing	Disanje
Calm	Miran
Clarity	Jasnoća
Compassion	Suosjećanje
Emotions	Emocije
Gratitude	Zahvalnost
Habits	Navike
Kindness	Ljubaznost
Mental	Mentalno
Mind	Um
Movement	Pokret
Music	Glazba
Nature	Priroda
Peace	Mir
Perspective	Perspektiva
Silence	Tišina
Thoughts	Misli
To Learn	Učiti

Musical Instruments
Glazbeni Instrumenti

Banjo	Bendžo
Bassoon	Fagot
Cello	Violončelo
Clarinet	Klarinet
Drum	Bubanj
Flute	Flauta
Gong	Gong
Guitar	Gitara
Harmonica	Harmonika
Harp	Harfa
Mandolin	Mandolina
Marimba	Marimba
Oboe	Oboa
Percussion	Udaraljke
Piano	Klavir
Saxophone	Saksofon
Tambourine	Tamburaški
Trombone	Trombon
Trumpet	Truba
Violin	Violina

Mythology
Mitologija

Archetype	Arhetip
Behavior	Ponašanje
Beliefs	Uvjerenja
Creation	Stvaranje
Creature	Stvorenje
Culture	Kultura
Deities	Božanstva
Disaster	Katastrofa
Heaven	Nebo
Hero	Junak
Immortality	Besmrtnost
Jealousy	Ljubomora
Labyrinth	Labirint
Legend	Legenda
Lightning	Munja
Monster	Čudovište
Mortal	Smrtnik
Revenge	Osveta
Thunder	Grmljavina
Warrior	Ratnik

Nature
Priroda

Animals	Životinje
Arctic	Arktik
Beauty	Ljepota
Bees	Pčele
Clouds	Oblaci
Desert	Pustinja
Dynamic	Dinamičan
Erosion	Erozija
Fog	Magla
Foliage	Lišće
Forest	Šuma
Glacier	Ledenjak
Mountains	Planine
Peaceful	Mirno
River	Rijeka
Sanctuary	Svetište
Serene	Spokojan
Tropical	Tropski
Vital	Bitan
Wild	Divlji

Numbers
Brojevi

Decimal	Decimala
Eight	Osam
Eighteen	Osamnaest
Fifteen	Petnaest
Five	Pet
Four	Četiri
Fourteen	Četrnaest
Nine	Devet
Nineteen	Devetnaest
One	Jedan
Seven	Sedam
Seventeen	Sedamnaest
Six	Šest
Sixteen	Šesnaest
Ten	Deset
Thirteen	Trinaest
Three	Tri
Twelve	Dvanaest
Twenty	Dvadeset
Two	Dva

Nutrition
Prehrana

Appetite	Apetit
Balanced	Uravnotežen
Bitter	Gorak
Calories	Kalorije
Diet	Dijeta
Digestion	Probava
Edible	Jestivo
Fermentation	Vrenje
Flavor	Okus
Habits	Navike
Health	Zdravlje
Healthy	Zdrav
Liquids	Tekućine
Nutrient	Hranljiv
Proteins	Proteini
Quality	Kvaliteta
Sauce	Umak
Toxin	Toksin
Vitamin	Vitamin
Weight	Težina

Ocean
Ocean

Coral	Koralja
Crab	Rak
Dolphin	Dupin
Eel	Jegulja
Fish	Riba
Jellyfish	Meduza
Octopus	Hobotnica
Oyster	Kamenica
Reef	Greben
Salt	Sol
Seaweed	Alge
Shark	Morski Pas
Shrimp	Škampi
Sponge	Spužva
Storm	Oluja
Tides	Plime
Tuna	Tuna
Turtle	Kornjača
Waves	Valovi
Whale	Kit

Pets
Kućni Ljubimci

Cat	Mačka
Claws	Kandže
Collar	Ovratnik
Cow	Krava
Dog	Pas
Fish	Riba
Food	Hrana
Goat	Koza
Hamster	Hrčak
Kitten	Mače
Lizard	Gušter
Mouse	Miš
Parrot	Papiga
Paws	Šape
Puppy	Štene
Rabbit	Zec
Tail	Rep
Turtle	Kornjača
Veterinarian	Veterinar
Water	Voda

Pirates
Gusari

Adventure	Avantura
Anchor	Sidro
Bad	Loše
Beach	Plaža
Captain	Kapetan
Cave	Špilja
Coins	Kovanice
Compass	Kompas
Crew	Posada
Danger	Opasnost
Flag	Zastava
Gold	Zlato
Island	Otok
Legend	Legenda
Map	Karta
Parrot	Papiga
Rum	Rum
Scar	Ožiljak
Sword	Mač
Treasure	Blago

Plants
Biljke

Bamboo	Bambus
Bean	Grah
Berry	Bobica
Botany	Botanika
Bush	Grm
Cactus	Kaktus
Fertilizer	Gnojivo
Flora	Flora
Flower	Cvijet
Foliage	Lišće
Forest	Šuma
Garden	Vrt
Grass	Trava
Ivy	Bršljan
Moss	Mahovina
Petal	Latica
Root	Korijen
Stem	Temelj
Tree	Drvo
Vegetation	Vegetacija

Professions #1
Zanimanja № 1

Ambassador	Ambasador
Astronomer	Astronom
Attorney	Odvjetnik
Banker	Bankar
Cartographer	Kartograf
Coach	Trener
Dancer	Plesačica
Doctor	Liječnik
Editor	Urednik
Firefighter	Vatrogasac
Geologist	Geolog
Hunter	Lovac
Jeweler	Zlatar
Musician	Glazbenik
Pianist	Pijanist
Psychologist	Psiholog
Sailor	Mornar
Scientist	Znanstvenik
Tailor	Krojač
Veterinarian	Veterinar

Professions #2
Zanimanja № 2

Astronaut	Astronaut
Biologist	Biolog
Dentist	Zubar
Detective	Detektiv
Engineer	Inženjer
Gardener	Vrtlar
Illustrator	Ilustrator
Inventor	Izumitelj
Journalist	Novinar
Librarian	Knjižničar
Linguist	Jezikoslovac
Painter	Slikar
Philosopher	Filozof
Photographer	Fotograf
Physician	Liječnik
Pilot	Pilot
Researcher	Istraživač
Surgeon	Kirurg
Teacher	Učitelj
Zoologist	Zoolog

Rainforest
Prašuma

Amphibians	Vodozemci
Birds	Ptice
Botanical	Botanički
Climate	Klima
Clouds	Oblaci
Community	Zajednica
Diversity	Raznolikost
Indigenous	Autohtono
Insects	Kukci
Jungle	Džungla
Mammals	Sisavci
Moss	Mahovina
Nature	Priroda
Preservation	Očuvanje
Refuge	Utočište
Respect	Poštovanje
Restoration	Obnova
Species	Vrsta
Survival	Opstanak
Valuable	Vrijedan

Restaurant #1
Restoran Broj 1

Allergy	Alergija
Bowl	Zdjela
Bread	Kruh
Cashier	Blagajnik
Chicken	Piletina
Coffee	Kava
Dessert	Desert
Food	Hrana
Ingredients	Sastojci
Kitchen	Kuhinja
Knife	Nož
Meat	Meso
Menu	Jelovnik
Napkin	Ubrus
Plate	Tanjur
Reservation	Rezervacija
Sauce	Umak
Spicy	Akutni
To Eat	Jesti
Waitress	Konobarica

Restaurant #2
Restoran Broj 2

Beverage	Piće
Cake	Torta
Chair	Stolica
Delicious	Ukusno
Dinner	Večera
Eggs	Jaja
Fish	Riba
Fork	Vilica
Fruit	Voće
Ice	Led
Lunch	Ručak
Noodles	Rezanci
Salad	Salata
Salt	Sol
Soup	Juha
Spices	Začini
Spoon	Žlica
Vegetables	Povrće
Waiter	Konobar
Water	Voda

School #1
Škola Broj 1

Alphabet	Abeceda
Answers	Odgovori
Books	Knjige
Chair	Stolica
Classroom	Učionica
Desk	Stol
Exams	Ispiti
Folders	Mape
Friends	Prijatelji
Fun	Zabava
Library	Knjižnica
Lunch	Ručak
Math	Matematika
Numbers	Brojevi
Paper	Papir
Pencil	Olovka
Pens	Olovke
Quiz	Kviz
Teacher	Učitelj
To Learn	Učiti

School #2
Škola Broj 2

Academic	Akademski
Activities	Aktivnosti
Backpack	Ruksak
Books	Knjige
Bus	Autobus
Calendar	Kalendar
Computer	Računalo
Dictionary	Rječnik
Education	Obrazovanje
Eraser	Brisač
Grammar	Gramatika
Library	Knjižnica
Literature	Književnost
Paper	Papir
Pencil	Olovka
Science	Znanost
Scissors	Škare
Supplies	Pribor
Teacher	Učitelj
Weekends	Vikendom

Science
Znanost

Atom	Atom
Chemical	Kemijski
Climate	Klima
Data	Podaci
Evolution	Evolucija
Experiment	Eksperiment
Fact	Činjenica
Fossil	Fosil
Gravity	Gravitacija
Hypothesis	Hipoteza
Laboratory	Laboratorij
Method	Metoda
Minerals	Minerali
Molecules	Molekule
Nature	Priroda
Organism	Organizam
Particles	Čestice
Physics	Fizika
Plants	Bilje
Scientist	Znanstvenik

Science Fiction
Znanstvena Fantastika

Atomic	Atomski
Books	Knjige
Chemicals	Kemikalije
Cinema	Kino
Dystopia	Distopija
Explosion	Eksplozija
Extreme	Krajnost
Fantastic	Fantastičan
Fire	Vatra
Futuristic	Futuristički
Galaxy	Galaksija
Illusion	Iluzija
Imaginary	Zamišljen
Mysterious	Tajanstveni
Oracle	Proročište
Planet	Planeta
Robots	Roboti
Technology	Tehnologija
Utopia	Utopija
World	Svijet

Scientific Disciplines
Znanstvene Discipline

Anatomy	Anatomija
Archaeology	Arheologija
Astronomy	Astronomija
Biochemistry	Biokemija
Biology	Biologija
Botany	Botanika
Chemistry	Kemija
Ecology	Ekologija
Geology	Geologija
Immunology	Imunologija
Kinesiology	Kineziologija
Linguistics	Lingvistika
Mechanics	Mehanika
Mineralogy	Mineralogija
Neurology	Neurologija
Physiology	Fiziologija
Psychology	Psihologija
Sociology	Sociologija
Thermodynamics	Termodinamika
Zoology	Zoologija

Shapes
Obrasci

Arc	Luk
Circle	Krug
Cone	Konus
Corner	Kut
Cube	Kocka
Curve	Krivulja
Cylinder	Cilindar
Edges	Rubovi
Ellipse	Elipsa
Hyperbola	Hiperbola
Line	Crta
Oval	Ovalan
Polygon	Poligon
Prism	Prizma
Pyramid	Piramida
Rectangle	Pravokutnik
Side	Strana
Sphere	Sfera
Square	Kvadrat
Triangle	Trokut

Spices
Začini

Anise	Anis
Bitter	Gorak
Cardamom	Kardamom
Cinnamon	Cimet
Coriander	Korijander
Cumin	Kumin
Curry	Curry
Fennel	Komorač
Fenugreek	Piskavica
Flavor	Okus
Garlic	Češnjak
Ginger	Đumbir
Licorice	Slatki
Onion	Luk
Paprika	Paprika
Pepper	Papar
Saffron	Šafran
Salt	Sol
Sweet	Slatko
Vanilla	Vanilija

Sports
Sportski

Athlete	Sportaš
Baseball	Bejzbol
Basketball	Košarka
Bicycle	Bicikl
Championship	Prvenstvo
Coach	Trener
Game	Igra
Golf	Golf
Gymnasium	Gimnazija
Gymnastics	Gimnastika
Hockey	Hokej
Movement	Pokret
Player	Igrač
Referee	Sudac
Stadium	Stadion
Team	Tim
Tennis	Tenis
To Swim	Plivati
Winner	Pobjednik

Summer
Ljeto

Beach	Plaža
Books	Knjige
Camping	Kampiranje
Diving	Ronjenje
Family	Obitelj
Food	Hrana
Friends	Prijatelji
Games	Igre
Garden	Vrt
Home	Dom
Joy	Radost
Memories	Sjećanja
Music	Glazba
Relaxation	Opuštanje
Sandals	Sandale
Sea	More
Stars	Zvijezde
To Swim	Plivati
Travel	Putovati
Vacation	Odmor

Surfing
Surfanje

Athlete	Sportaš
Beach	Plaža
Beginner	Početnik
Champion	Prvak
Crowds	Gužve
Extreme	Krajnost
Foam	Pjena
Fun	Zabava
Ocean	Ocean
Paddle	Veslo
Popular	Popularan
Reef	Greben
Speed	Brzina
Spray	Sprej
Stomach	Želudac
Strength	Snaga
Style	Stil
To Swim	Plivati
Wave	Val
Weather	Vrijeme

Technology
Tehnologija

Blog	Blog
Browser	Preglednik
Bytes	Bajtovi
Camera	Kamera
Computer	Računalo
Cursor	Kursor
Data	Podaci
Digital	Digitalni
Display	Prikaz
File	Datoteka
Internet	Internet
Message	Poruka
Research	Istraživanje
Screen	Zaslon
Security	Sigurnost
Software	Softver
Statistics	Statistika
Virtual	Virtualan
Virus	Virus

Time
Vrijeme

Annual	Godišnji
Before	Prije
Calendar	Kalendar
Century	Stoljeće
Clock	Sat
Day	Dan
Decade	Desetljeće
Early	Rano
Future	Budućnost
Minute	Minuta
Month	Mjesec
Morning	Jutro
Night	Noć
Noon	Podne
Now	Sada
Soon	Uskoro
Today	Danas
Week	Tjedan
Year	Godina
Yesterday	Jučer

To Fill
Za Popunjavanje

Bag	Torba
Barrel	Bačva
Basket	Košara
Bottle	Boca
Box	Kutija
Bucket	Kanta
Carton	Karton
Crate	Sanduk
Drawer	Ladica
Envelope	Omotnica
Folder	Mapa
Packet	Paket
Pocket	Džep
Suitcase	Kofer
Tub	Kada
Tube	Cijev
Vase	Vaza
Vessel	Brod

Tools
Alati

Axe	Sjekira
Cable	Kabel
Glue	Ljepilo
Hammer	Čekić
Knife	Nož
Ladder	Ljestve
Mallet	Malj
Pliers	Kliješta
Razor	Britva
Rope	Uže
Ruler	Vladar
Scissors	Škare
Screw	Vijak
Shovel	Lopata
Staple	Spajalica
Stapler	Klamerica
Torch	Baklja
Wheel	Kotač

Town
Grad

Airport	Zračna Luka
Bakery	Pekara
Bank	Banka
Bookstore	Knjižara
Cinema	Kino
Clinic	Klinika
Florist	Cvjećar
Gallery	Galerija
Hotel	Hotel
Library	Knjižnica
Market	Tržište
Museum	Muzej
Pharmacy	Ljekarna
School	Škola
Stadium	Stadion
Store	Pohraniti
Supermarket	Supermarket
Theater	Kazalište
University	Sveučilište
Zoo	Zoološki Vrt

Toys
Igračke

Airplane	Zrakoplov
Ball	Lopta
Bicycle	Bicikl
Boat	Čamac
Books	Knjige
Car	Automobil
Chess	Šah
Clay	Glina
Crafts	Obrt
Crayons	Bojice
Doll	Lutka
Drums	Bubnjevi
Favorite	Omiljeni
Games	Igre
Imagination	Mašta
Kite	Zmaj
Paints	Boje
Robot	Robot
Train	Vlak
Truck	Kamion

Vacation #2
Odmor № 2

Airport	Zračna Luka
Beach	Plaža
Camping	Kampiranje
Destination	Odredište
Foreign	Strani
Foreigner	Stranac
Holiday	Odmor
Hotel	Hotel
Island	Otok
Journey	Putovanje
Map	Karta
Mountains	Planine
Passport	Putovnica
Restaurant	Restoran
Sea	More
Taxi	Taksi
Tent	Šator
Train	Vlak
Transportation	Prijevoz
Visa	Viza

Vegetables
Povrće

Artichoke	Artičoka
Broccoli	Brokula
Carrot	Mrkva
Cauliflower	Karfiol
Celery	Celer
Cucumber	Krastavac
Eggplant	Patlidžan
Garlic	Češnjak
Ginger	Đumbir
Mushroom	Gljiva
Onion	Luk
Parsley	Peršin
Pea	Grašak
Pumpkin	Bundeva
Radish	Rotkvica
Salad	Salata
Shallot	Luk Kozjak
Spinach	Špinat
Tomato	Rajčica
Turnip	Repa

Vehicles
Vozila

Airplane	Zrakoplov
Ambulance	Hitna Pomoć
Bicycle	Bicikl
Boat	Čamac
Bus	Autobus
Car	Automobil
Caravan	Karavan
Ferry	Trajekt
Helicopter	Helikopter
Motor	Motor
Raft	Splav
Rocket	Raketa
Scooter	Skuter
Shuttle	Čunak
Submarine	Podmornica
Taxi	Taksi
Tires	Gume
Tractor	Traktor
Train	Vlak
Truck	Kamion

Virtues #1
Vrline # 1

Artistic	Umjetnički
Charming	Šarmantan
Clean	Čist
Confident	Uvjeren
Curious	Znatiželjan
Decisive	Odlučno
Efficient	Efikasan
Funny	Smiješno
Generous	Velikodušan
Good	Dobar
Helpful	Koristan
Independent	Nezavisna
Intelligent	Inteligentan
Modest	Skroman
Passionate	Strasan
Patient	Pacijent
Practical	Praktičan
Reliable	Pouzdan
Wise	Mudar

Visual Arts
Vizualne Umjetnosti

Architecture	Arhitektura
Artist	Umjetnik
Ceramics	Keramika
Chalk	Kreda
Charcoal	Ugljen
Clay	Glina
Composition	Sastav
Creativity	Kreativnost
Easel	Stalak
Film	Film
Masterpiece	Remek-Djelo
Painting	Slika
Pencil	Olovka
Perspective	Perspektiva
Portrait	Portret
Sculpture	Skulptura
Stencil	Matrica
Varnish	Lak
Wax	Vosak

Water
Voda

Canal	Kanal
Evaporation	Isparavanje
Flood	Poplava
Frost	Mraz
Geyser	Gejzir
Humidity	Vlažnost
Hurricane	Uragan
Ice	Led
Irrigation	Navodnjavanje
Lake	Jezero
Moisture	Vlaga
Monsoon	Monsun
Ocean	Ocean
Rain	Kiša
River	Rijeka
Shower	Tuš
Snow	Snijeg
Steam	Para
Waves	Valovi

Weather
Vrijeme

Atmosphere	Atmosfera
Breeze	Povjetarac
Climate	Klima
Cloud	Oblak
Drought	Suša
Dry	Suho
Fog	Magla
Hurricane	Uragan
Ice	Led
Lightning	Munja
Monsoon	Monsun
Polar	Polarni
Rainbow	Duga
Sky	Nebo
Storm	Oluja
Temperature	Temperatura
Thunder	Grmljavina
Tornado	Tornado
Tropical	Tropski
Wind	Vjetar

Congratulations

You made it!

We hope you enjoyed this book as much as we enjoyed making it. We do our best to make high quality games.
These puzzles are designed in a clever way for you to learn actively while having fun!

Did you love them?

A Simple Request

Our books exist thanks your reviews. Could you help us by leaving one now?

Here is a short link which will take you to your order review page:

BestBooksActivity.com/Review50

MONSTER CHALLENGE!

Challenge #1

Ready for Your Bonus Game? We use them all the time but they are not so easy to find. Here are **Synonyms**!

Note 5 words you discovered in each of the Puzzles noted below (#21, #36, #76) and try to find 2 synonyms for each word.

Note 5 Words from *Puzzle 21*

Words	Synonym 1	Synonym 2

Note 5 Words from *Puzzle 36*

Words	Synonym 1	Synonym 2

Note 5 Words from *Puzzle 76*

Words	Synonym 1	Synonym 2

Challenge #2

Now that you are warmed-up, note 5 words you discovered in each Puzzle noted below (#9, #17, #25) and try to find 2 antonyms for each word. How many lines can you do in 20 minutes?

Note 5 Words from **Puzzle 9**

Words	Antonym 1	Antonym 2

Note 5 Words from **Puzzle 17**

Words	Antonym 1	Antonym 2

Note 5 Words from **Puzzle 25**

Words	Antonym 1	Antonym 2

Challenge #3

Wonderful, this monster challenge is nothing to you!

Ready for the last one? Choose your 10 favorite words discovered in any of the Puzzles and note them below.

1.	6.
2.	7.
3.	8.
4.	9.
5.	10.

Now, using these words and within a maximum of six sentences, your challenge is to compose a text about a person, animal or place that you love!

Tip: You can use the last blank page of this book as a draft!

Your Writing:

Explore a Unique Store
Set Up **FOR YOU!**

MEGA DEALS

BestActivityBooks.com/**TheStore**

Designed for Entertainment!

Light Up Your Brain With Unique **Gift Ideas**.

Access **Surprising** And **Essential Supplies!**

CHECK OUT OUR MONTHLY SELECTION NOW!

- Expertly Crafted Products -

NOTEBOOK:

SEE YOU SOON!

Linguas Classics Team